뇌신경 의사,
책을 읽다

뇌신경 의사, 책을 읽다

한 시간 한 권 크랩 독서법

신동선 지음

더메이커

뇌신경 의사, 책을 읽다

···

책은 인류 축적 시스템의 최고봉입니다

"내가 더 멀리 보았다면 이는 거인의 어깨 위에 올라서 있었기 때문이다."

근대 과학을 완성한 아이작 뉴턴(Isaac Newton)의 말입니다. 뉴턴은 이전 과학자들이 한땀 한땀 이룬 과학 지식을 배우고 익혔습니다. 이를 바탕으로 자신만의 창조를 만들어낸 것이고요. 위의 뉴턴의 말에서는 겸손이 느껴지기도 하지만, 동시에 엄연한 사실이기도 하지요. 기존의 지식, 문화 등에서 시작하지 않은 사람은 없으니까요. 인류는 축적된 힘을 가지고 있습니다. 책은 그 축적된 시스템의 최고봉입니다.

저는 지금 약 마흔다섯 살의 나이를 지나고 있습니다. 45년의 시간 동안 책과 함께하고 있습니다. 초등학교 때는 책을 많이 좋아했습니다. 하지만 중학교, 고등학교, 대학교, 인턴, 레지던트 생활을 하는 동안에는 교과 공부를 위한 책 말고는 거의 보지 않았습니다. 그렇게 책과 담을 쌓고 약 20여 년의 세월을 보냅니다. 그리고 지금의 병원에서 공중보건의사로 근무하게 됩니다. 2005년, 제나이 서른둘이었군요. 공중보건의사는 의사가 군대 대신에 대체복무를 하는 제도입니다. 당시에 저는 기특한 생각을 했던 것 같습니다. '사람이라면 책을 좀 보아야 되지 않을까' 하고 말이지요. 그러고는 책을 읽기 시작합니다.

나의 독서 입문기

처음에는 근처 도서관에서 빌려 보기 시작했습니다. 도서관에서 약 2주에 세 권 정도를 빌릴 수 있었습니다. 하지만 세 권을 모두 보지는 못했고 열심히 보면 한두 권을 보는 정도였습니다. 그렇게 약 1년을 열심히 읽었습니다. 생각보다 책은 재미있었습니다.

초등학교 때 느꼈던 독서의 즐거움도 조금씩 살아났습니다. 그렇게 열심히 읽었습니다.

그러자 책을 조금 빨리 보고 싶다는 욕심이 났습니다. 그런 욕심으로 '온라인 속독 과정'을 수강하였습니다. 속독은 몇 가지 포인트가 있더군요. 하지만 독서량이 파격적으로 늘지는 않았습니다.

그렇게 1년이 지나고, 2년 반 정도 지난 무렵이었습니다. 당시에는 다른 짓 하지 않고 책에 몰두하면 하루에 얇은 책 한 권 정도 읽는 수준이었습니다. 그때 운명적인 책, 한 권을 만납니다.

바로 《부자나라 임금님의 성공 독서 전략》라는 책입니다. 이 책은 동화 형식을 빌린 독서 방법에 대한 책입니다. 이 책을 만나고 저의 독서 인생은 일대 변혁을 맞이합니다. 약 30분에서 1시간 정도 만에 책을 읽고, 30분 정도에 책을 정리하는 기술을 익히게 된 것입니다. 그리고 알았습니다. 독서하는 방법이 있다는 것을 말입니다. 그리고 확신하고 있습니다. 이렇게 읽는 것이 맞는다고 말이지요.

왜 크랩독서법인가요

저는 뇌신경연결에 관한 책을 두 권 냈습니다. 그리고 뇌신경연결의 개념을 세상에 알리는 조그만 회사를 운영하며 코칭과 컨설

팅을 함께 진행하고 있습니다. 낮에는 병원에서 근무하고, 밤에는 책 쓰고, 강의하고, 코칭을 합니다. 즉 낮에는 뇌신경연결을 보호하고, 밤에는 뇌신경연결을 만드는 일을 하고 있습니다.

이것이 가능한 것은 그동안 읽었던 많은 책이 서로 모이고 응축되었기 때문입니다. 읽고, 읽고, 읽었던 책 속 작은 지식(知識) 모듈(조각)들이 뭉쳐서 서로 연결되었기 때문입니다. 이런 연결은 제 나름의 작은 거인으로 재창조됩니다.

물론 최고의 과학자 뉴턴의 거인보다는 훨씬 작은 거인입니다. 하지만 저는 그런 작은 거인 또한 제게는 소중한 거인입니다. 몹시 작은 거인이지만 크기가 중요하지 않다고 생각합니다. 중요한 것은 우리가 난쟁이라는 사실을 인식하는 것이지요. 그래서 거인을 올라타지 않으면 멀리 볼 수 없다는 것을 인식하는 것이 중요합니다.

저는 지금 제 안의 거인을 조금씩 키워나가고 있습니다. 이 거인을 키우기 위한 전략 전술이 필요하다고 생각했습니다. 그래서 앞에서 소개한 임금님 독서법과 기존의 독서법을 연구했습니다. 개량하고 수선하고 여기에 뇌신경연결이라는 개념을 덧씌웠습니다. 크랩독서법(뇌신경연결 개념을 이용한 한 시간 한 권을 읽는 전략 독서법)은 그렇게 해서 탄생했습니다.

크랩독서법은 자체로 거인의 구조물입니다. 많은 이들의 생각과 경험, 뇌 과학과 경험적 검증을 모아 '뇌신경연결 개념의 독서법'으로 다시 재창조한 것입니다.

이 책은 몇 가지 핵심을 다루고 있습니다.

첫째는 크랩(CREB), 즉 뇌신경연결의 기본기를 이야기합니다. 크랩독서법을 말하기 위해서는 뇌 과학적 이해를 바탕으로 하여야 하기 때문입니다.

둘째는 독서의 중요성을 말합니다. 독서는 거인의 어깨에 오르기 위한 가장 빠르고 그리고 가장 검증된 방법입니다. 독서를 통해 빠르게 오르기 전략을 구축해야 합니다.

셋째는 왜 크랩독서법인지를 이야기합니다. 왜 책을 그저 앞에서부터 뒤까지 우직하게 읽는 것보다 크랩독서법을 추구해야 하는지, 그 개념은 무엇인지를 소개합니다.

넷째는 크랩독서법의 핵심 중 하나인 20/80의 개념을 소개합니다. 20/80은 '글 20퍼센트를 읽고 내용 80퍼센트를 얻기'를 말합니다. '모든 것을 다 알려고 하지 마라'는 뜻입니다. 다시 말해 '나에게 필요한 지식 모듈(조각)을 찾고 그것을 취하라'는 뜻입니다.

다섯째는 크랩독서법의 방법을 안내합니다. 마음잡고, 개요를 읽고, 반복해서 읽고, 정리하는 일련의 과정을 풀어 이야기합니다.

여섯째는 크랩독서법과 함께 다양한 분야로 확장되는 각 분야별 연결에 대한 이야기입니다. 독서가 책 쓰기로, 강의로, 업무 등으로 확장, 적용되는 예시를 소개합니다.

이 책에서 저는 단순한 기술을 말하려는 것이 아닙니다. 책에 대해 근본적으로 묻고 있고, 책 사용법을 안내하고 있습니다. 제가 생각하는 독서의 참 모습을 소개합니다.

...

'거인의 어깨'라는 표현은 뉴턴이 처음 쓴 것은 아니라고 합니다. 사회학자 로버트 머튼(Robert Merton)의 연구에 따르면 존 솔즈베리(John Salisbury)가 "우리는 거인의 어깨 위에서 있는 난쟁이들과 같기 때문에 거인보다 더 많이 더 멀리 볼 수 있다"고 말했고, 더 이전에는 베르나르 사르트르(Bernard Sartre)가 "거인의 어깨 위에 올라선 난쟁이처럼 우리는 고대인보다 더 많이, 멀리 볼 수 있다"라고 말했다고 합니다.

우리는 알게 모르게 인류라는 몹시 커다란 거인의 어깨에 올라가 있습니다. 아무리 날고 기어도 이 사실에서 벗어날 수 없습니다. 거인의 어깨에 가장 빠르고 확실히 오를 수 있는 길은 단연코 독서입니다.

그 길에 크랩독서법이 큰 힘이 될 것을 확신합니다.

차례

1부
독서, 뇌신경을 연결하다

1장 · 뇌신경연결 그리고 책읽기의 뇌신경연결

2장 · 왜 독서인가?

2 부
뇌신경을 연결하는 크랩독서법

3장 · 책, 어떻게 읽을 것인가?

4장 · 책, 20퍼센트를 읽고 내용 80퍼센트를 얻다

5장 · 크랩독서법으로 책을 읽어라

6장 · 크랩독서법의 확장

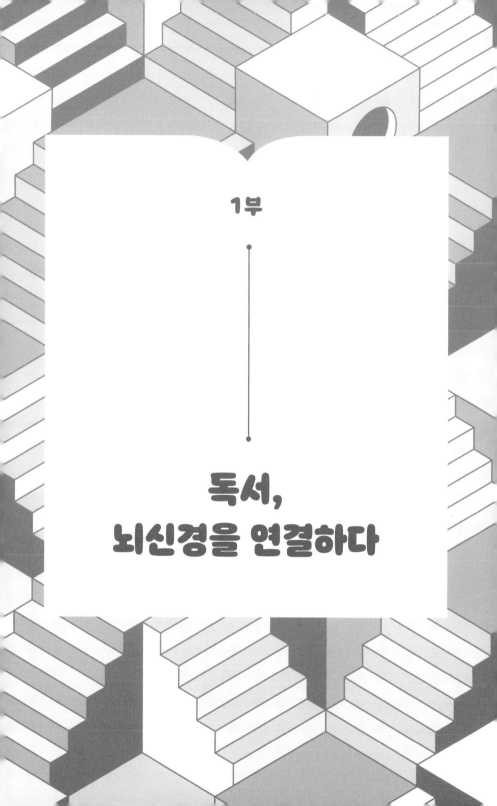

1부

독서,
뇌신경을 연결하다

1장

뇌신경연결 그리고 책읽기의 뇌신경연결

뇌신경연결을 만드는 뇌신경연결이 있습니다.

언어, 그중에서도 독서가 대표적입니다.

독서를 통해서 온갖 세상의 지식과 지혜의 뇌신경연결이

지속적으로 만들어집니다.

독서는 뇌신경연결의 문을 활짝 열어줍니다.

재능,
길러지는가 타고나는가

타고남보다는 길러짐에 무게를 더 두어야 한다

재능, 길러질까요? 타고날까요?

참 어려운 주제입니다. 과학자들은 이 주제로 약 100년간 서로 치열하게 싸웠습니다. 저도 이 주제에 대하여 수많은 고민을 했습니다. 사실 지금도 어렵고 힘든 주제입니다. 하지만 나름의 결론을 얻었습니다. 저의 결론은 이렇습니다.

'재능은 타고나기도 하지만 길러지는 경우가 상당히 많다. 그리고 의도적으로 타고남보다는 길러짐에 무게를 더 두어야 한다'

입니다. 그러나 우리 사회에는 '길러짐'보다는 '타고남'에 대한 믿음이 더 넓게 퍼져 있습니다.

길러짐과 타고남, 재능에 대한 이 두 가지의 상반된 관점은 인생 전체에 굉장히 큰 차이를 만듭니다. 이러한 믿음은 '자기제한적'으로 작용하기도 하고, 반대로 '자기효용적'으로 작용하기도 하기 때문입니다.

'재능은 타고나는 것'이란 믿음은 자기제한적으로 작용합니다. 재능은 타고나는 것이니 '노력에는 한계가 있다'고 생각합니다. 이러한 믿음은 당연히 제대로 된 노력으로 나아가지 못하게 합니다. 자기제한적으로 작용하는 것이지요. 그러면 재능은 확장될 기회를 갖지 못합니다.

그럼 '재능은 길러지는 것'이란 믿음은 어떨까요? '길러지는 것'이란 믿음은 자기효능*적으로 작용합니다. '하면 나아진다'는 믿음은 노력으로 이끕니다. 제대로 된 노력을 고민하고 끊임없이 시도하기에, 결국 재능은 확장되고 단단해집니다.

이처럼 서로 다른 믿음이 다른 결과를 만들고, 스스로 자기 믿음을 강화하고, 결국 그 믿음이 더욱 견고해지게 됩니다.

믿음 자체가 실제 결과를 만들어내는 영역이 있습니다. 어떤

• 앨버트 밴듀라(Bandura, A.)이 처음 사용한 개념으로, 주어진 행동이 성공적으로 수행될 것이라는 한 개인의 신념을 말한다.

믿음은 지금의 길을 굳건히 지키고 가던 길을 끝까지 갈 수 있게 도움을 줍니다. 어떤 믿음은 조그마한 좌절에도 자신의 한계를 규정 짓게 하고, 더 이상의 시도를 멈추게 합니다.

배울 수 있다고 믿는가?

우리의 믿음을 점검해야 합니다.

"배울 수 있다고 믿는가?"

"나보다 잘하는 누군가의 전략을 배우고 익히면 그 누군가만큼 재능을 만들 수 있다고 믿는가?"

바라건대, 재능은 길러진다는 믿음을 장착하시길 바랍니다. 물론 어떤 믿음이 현실을 100퍼센트 만들지는 못합니다. 하지만 믿음이 실제로 중요하게 작용하는 영역이 있습니다. 그 믿음은 생각보다 다양한 분야에 영향을 미치고, 의식적으로 혹은 무의식적으로 자신과 주위 사람에게 영향을 줍니다.

그럼 독서라는 재능은 어떨까요? 독서라는 재능 역시 다른 재능과 마찬가지로 길러집니다. 독서는 배우고 익힐 기능이지 타고난 그 무엇이 아닙니다. 이렇게 믿어야 어떻게 더 잘 읽을 수 있을지 배우고, 적용하고, 점점 그 능력을 키울 수 있습니다. 배울 수 있다는 믿음이 실행을 돕고, 실제 배울 수 있도록 돕습니다.

재능에 대한 믿음, 즉 '타고나는가? 길러지는가?', 이 질문에 대한 답은 '자기 강화의 성격을 지니기에 깊게 고민하고, 긍정적 태도를 삶의 구석구석에 적용해야 한다'입니다. 즉, 기를 수 있다고 믿어야 합니다. 아니, 우리는 길러지도록 타고났습니다.

재능은 뇌신경연결이
조합된 상태이다

재능을 만든다는 것

재능은 우리의 뇌 속에 존재합니다. 그렇다면 재능은 뇌에 어떤 방식으로 존재할까요? 한마디로 말하면 재능은 '뇌신경연결이 조합된 상태'입니다. 뇌신경연결 조합을 만드는 것이 재능을 만드는 것입니다.

예컨대 책읽기를 반복하면 관련 뇌신경이 서로 연결되고, 그렇게 생긴 뇌신경연결들이 조합되며 독서 능력이 올라갑니다. 마찬가지로 영어 뇌신경연결 조합을 진하게 만들면 영어 재능이 강화됩니다. 축구 뇌신경연결 조합을 진하게 만들면 축구 재능이 강화됩니다. 뇌신경연결이 다양하게 조합되면 재능이 다양하게 조합됩니다.

그럼 여기에서 독서의 뇌신경연결 과정을 추적해보겠습니다.

① 글을 본다 – 시각영역 V(Visual Area)
② 글을 인지한다 – 시각영역과 이해영역 연결
③ 글을 이해한다 – 이해영역 W(Wernicke Area)

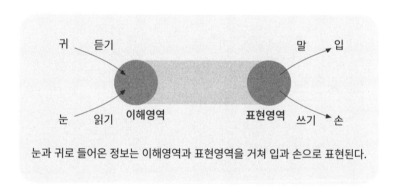
눈과 귀로 들어온 정보는 이해영역과 표현영역을 거쳐 입과 손으로 표현된다.

독서는 글을 보고, 글로 인지하고, 글을 이해하는 능력의 조합입니다. 우리의 뇌신경에 이러한 연결 조합이 만들어지면 우리는 글을 보고, 인지하고, 이해할 수 있게 됩니다.

• 글자의 모양을 인지하는 능력

- 글자를 글자로 해독하는 능력
- 글자와 글자의 모음을 이해하는 능력

이러한 작은 능력의 조각이 모여 글을 읽고, 나아가서 책을 읽을 수 있는 것입니다. 작은 능력의 조각들은 책읽기를 반복하면서 각각으로 강화됩니다. 충분한 양의 자극이 쌓이면 단기와 장기기억을 거쳐, 자동기억 수준으로 연결됩니다.

의식적으로 읽던 수준은 자동기억 수준으로 연결되며 무의식적 수준으로 빠르게 읽을 수 있게 됩니다. 글자가 모인 문장을 보고 자동으로 해독합니다. 소설을 읽고 잡지를 읽고 만화를 읽는 것이 여가활동이 됩니다. 자동 읽기가 되기 때문입니다.

이처럼 자동 읽기는 각각의 작은 뇌신경 조각모음이 자동화되고 최적화되었기 때문에 가능한 것입니다.

그렇다면 영어 뇌신경연결 조합은 어떨까요?

love라는 단어를 '듣고 따라 할 때'의 뇌신경연결 흐름을 추적해보겠습니다.

| 청각영역 | ⇨ | 이해영역 | ⇨ | 표현영역 | ⇨ | 입 |

먼저 청각영역에서 love의 음소를 잡아냅니다. 이것이 뇌의 이

해영역으로 가면 love의 뜻을 이해하게 됩니다. 그러고 나서 말을 표현하는 영역으로 가면 영어의 음소를 만들어내도록 뇌신경이 발화합니다. 혀, 입술, 목구멍 등의 근육으로 뇌신경이 연결되면서 각각의 근육을 조화롭게 움직이며 'love'라고 발음할 수 있게 됩니다.

이처럼 영어 재능은 뇌신경연결의 다양한 조합의 결과입니다. 적절하게 조합하면 영어 재능이 생깁니다.

영어책 읽기도 같은 구조입니다. 영어를 보고, 영어로 인지하고, 영어문장을 해독하는 작은 연결의 모음 구조이지요. 결국 영어책도 읽고 읽으면 각각으로 강화됩니다. 각각의 영역이 단기, 장기, 자동기억이 되면서 영어책 읽기가 쉽고 재미있어지게 됩니다.

이처럼 독서를 하는 것, 영어를 읽는 것, 듣고 말하는 것 등의 재능은 모두 뇌신경연결의 조합입니다. 더 나아가 수학 문제를 푸는 것, 축구를 하는 것, 골프를 치는 것 역시 다양한 뇌신경연결 조합의 결과입니다. 다시 말해 모든 재능은 뇌신경연결 조합의 상태입니다.

결론을 내리자면 재능은 타고난 것일 수도 있습니다. 또 재능은 길러질 수도 있습니다. 타고났든 길러졌든, 재능은 뇌신경연결 조합의 상태입니다. 어떤 재능도 일정 부분 타고나기도 하지만 노력으로 뇌신경연결 조합이 확장되기도 합니다. 독서 재능도 마찬가지이지요. 배우고 익히면 이전보다 더 나은 독서 재능을 갖게 됩니다.

재능이 길러지도록 타고났다는 것을 믿고 반복해서 시도하고, 시도하면 그 시도가 결과에 영향을 미칩니다. 믿음, 그 자체가 현실을 만듭니다. 믿음이 노력을 이끌어내기 때문입니다. 그러니 '재능은 길러지도록 타고났다'는 우리의 믿음을 점검하고 재장착해야 합니다.

이 책의 주제인 독서 재능도 그렇습니다. 제대로 시도하고 노력하면 독서 재능은 확장되고 단단해집니다.

뇌신경은
어떻게 연결되는가

뇌신경연결은 어떻게 만들어지는 것일까요?

    뇌신경은 홀로 작동하지 않습니다. 항상 다른 뇌신경과 연결하여 작동합니다. 뇌신경연결은 지구상의 모든 동물의 뇌 전략입니다. 초파리도, 달팽이도, 개미도, 사자도, 늑대도, 고래도 같은 뇌전략을 사용합니다. 우리 인간도 이러한 머릿속 뇌신경 전략을 똑같이 사용합니다. 즉 뇌신경이 연결되면 이전에 없던 기억이 생기고, 기능이 생깁니다. 재능은 뇌신경연결이 조합된 상태입니다. 뇌신경연결, 즉 시냅스는 지구상 모든 동물의 가장 중요한 생존 전략입니다.

그렇다면 뇌신경연결은 어떻게 만들어지는 것일까요? 뇌신경과 뇌신경은 어떻게 연결되는 것일까요? 이 생존 전략을 이해하는 것은 굉장히 중요한 일입니다.

뇌신경은 반복 자극을 받으면 뇌신경 속에 있는 DNA가 활동을 시작합니다. DNA는 우리 몸속에 다양한 단백질을 만드는 공장라인입니다. 우리 몸속에 이러한 공장이 있는 이유는 생명 활동에 필요한 물건들을 생산해내기 위해서죠. 뇌신경연결에 필요한 DNA 속 유전자에 스위치가 켜지면 뇌신경연결에 필요한 공장라인이 가동되기 시작합니다. 그렇다면 이 뇌신경연결 공장라인의 유전자 스위치는 어떻게 켜지는 걸까요?

바로 반복 자극입니다.

에릭 캔들(Eric Kandel)이라는 뇌 과학자는 뇌신경연결이 만들어지는 과정을 밝혀서 2000년에 노벨생리의학상을 받습니다.

뇌신경이 반복 자극을 받으면, 뇌신경 핵 속에 크랩(CREB)*이라는 단백질이 만들어지고, 이 단백질이 뇌신경연결에 필요한 유전자 스위치에 달라붙습니다. 그럼 스위치가 켜지고 뇌신경연결에

---

* 제가 만든 회사 이름은 크랩아카데미입니다. 뇌 속 뇌신경연결을 만드는 단백질인 크랩(CREB)에서 따왔습니다. 낯설고 어려운 용어이기에 사람들이 많이 알고 있는 크랩(Crab, 바닷게) 이미지를 연결해서 회사 로고를 만들었습니다.

필요한 공장라인이 가동됩니다. 즉 유전자가 일을 해서 뇌신경이 가지를 뻗어 뇌신경연결을 만듭니다.

뇌신경연결을 만드는 물질, 크랩

잠깐 크랩이 만들어지는 과정을 살펴보겠습니다.

뇌신경세포가 자극을 받으면 세포 안쪽에서 '환상AMP'의 농도가 올라갑니다. 이 물질의 농도가 올라가면 뇌신경세포에 신경전달물질의 양이 증가합니다. 이때가 단기기억입니다. 즉 잠시 어떤 것을 기억하는 상태이지요.

그런데 한 번의 자극이 아닌 수차례 반복적으로 자극을 받으면 '환상AMP'는 더 증가하고, 세포 내 단백질 '키나아제A'라는 물질이 증가합니다. 증가한 단백질 키나아제A는 서서히 세포 전체로 퍼집니다. 세포 전체로 퍼진 키나아제A가 세포 내 핵 속으로 들어가면 '크랩'이라는 단백질이 활성화합니다.

핵 속에 만들어진 단백질 '크랩'은 공장을 가동하는 데 몹시 중요한 역할을 합니다. 뇌신경연결에 필요한 공장라인을 가동시키는 스위치 버튼을 누르는 역할을 하는 겁니다. 즉 크랩은 뇌신경연결을 만들기 위한 공장라인[DNA]에 스위치를 켜는 역할을 하는 것이죠.

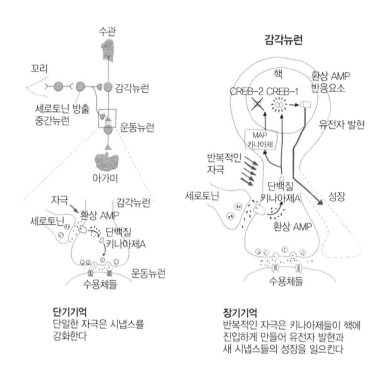

수관
꼬리
감각뉴런
세로토닌 방출
중간뉴런
운동뉴런
아가미

감각뉴런
핵
CREB-2 CREB-1
환상 AMP
반응요소
MAP
키나아제
유전자 발현
반복적인
자극
세로토닌
단백질
키나아제A
성장
환상 AMP
수용체들

자극
감각뉴런
세로토닌
환상 AMP
단백질
키나아제A
운동뉴런
수용체들

단기기억
단일한 자극은 시냅스를
강화한다

장기기억
반복적인 자극은 키나아제들이 핵에
진입하게 만들어 유전자 발현과
새 시냅스들의 성장을 일으킨다

뇌신경이 반복 자극을 받으면, 뇌신경 핵 속에 크랩(CREB)이라는
단백질이 만들어지고, 이 단백질이 뇌신경연결에 필요한 유전자 스위치에 달라붙는다.
그럼 스위치가 켜지고 뇌신경연결에 필요한 공장라인이 가동된다.

저는 이 크랩이라는 물질에 깊게 매료되었습니다. 책꽂이에서
책이 아무리 많아도 읽지 않으면 의미가 없습니다. 책은 책꽂이
에서 빼내어 읽을 때 나의 지식으로 거듭나죠. 마찬가지로 공장
라인이 아무리 많아도 가동시키지 않으면 의미가 없습니다. 도서
관의 책을 잡을 수 있도록 하며, 공장라인의 스위치를 켜 움직이

게 하는 것이 바로 크랩입니다. 그래서 크랩이 중요합니다. 크랩을 만들어서 원하는 진짜 변화를 만들어야 합니다.

크랩과 크랩독서법

뇌신경연결을 만들기 위한 가장 중요한 공식은 '반복'입니다. 좀 더 정확하게 표현하면 '선택과 집중된 반복'입니다. 책읽기에도 똑같이 크랩의 원리가 적용됩니다. 선택과 집중을 하여 반복 읽기를 하고, 표시와 정리를 하고, 정리한 것을 다시 또 보고 읽으며 생각하고 고민하면 나의 뇌신경이 제대로 연결된다는 것을 크랩독서법이라는 큰 틀로 정리한 것입니다.

크랩은 독서를 포함하여 삶의 모든 영역에 깊게 스며들어 있다는 것을 이해해야 합니다. 지구에서 뇌신경세포를 갖고 있는 생물이라면 삶의 중심에 크랩, 즉 뇌신경연결을 두어야 합니다. 크랩은 알면 알수록 그 적용에 놀라고, 그 원리에 반하게 됩니다.

독서도 뇌신경연결, 크랩을 적용해야 완성됩니다.

뇌신경연결을 위한 시스템:
약점, 피드백, 반복

재능은 작은 조각의 모음이다

뇌신경이 연결된 상태가 재능입니다. 우리의 머릿속 뇌신경이 다양하게 연결되면서 재능이 만들어지고, 그 재능은 우리의 삶을 만들어갑니다. 하나의 기능을 익히려면, 즉 뇌신경을 연결하려면 반복 자극을 쌓아야 합니다. 반복 자극으로 우리가 필요한 뇌신경연결을 만들어가야 하지요.

하지만 그 반복의 노력을 무작정 쏟아내서는 안 됩니다. 우리가 실제로 필요한 영역을 스나이퍼처럼 한 샷 한 샷 쏘아서 연결해야 합니다. 우리에게 주어진 시간은 한정되어 있습니다. 노력도 무한정할 수 없습니다. 시간과 자원을 효과적으로 써야 합니다. 우리가 원하는 뇌신경연결을 정확하게 조준하여 '시간'과 '노력'이라는 총알을 사용해야 합니다.

우리가 원하는 재능은 다양한 작은 재능 조각(모듈)들의 모음입니다. 테니스는 서브, 포핸드, 백핸드, 발리라는 조각 모음이 잘 조합되어야 잘할 수 있습니다. 영어 재능은 듣기, 읽기, 말하기, 쓰기, 단어 등의 작은 조각이 모여 있는 상태입니다. 골프 재능은 스윙과 퍼팅, 롱게임, 숏게임 등의 작은 조각으로 나눌 수 있습니다.

이처럼 재능은 작은 조각의 모음입니다. 즉 목표로 하는 기능을 익히는 것은 작은 조각(예컨대, 영어라면 듣기, 읽기, 말하기 등)이 결정합니다. 그 작은 조각은 재능, 기능을 위하여 반드시 익혀야 하는 조각이어야 합니다.

약점

그 조각 중 아직은 어설픈 뇌신경연결의 모습이 있습니다. 이를 약점이라고 부르겠습니다. 이 약점 조각(모듈)을 반복 자극합니다. 우리가 원하는 영역, 우리가 원하는 모양의 뇌신경연결을 만들기 위해 약점을 반복 자극해야 합니다.

피드백 그리고 반복

스나이퍼가 되려면, 즉 약점을 정확하게 강화하는 반복 자극을 하려면 피드백이 즉각적이어야 하고, 피드백을 의식할 수 있어야 합니다. 그래야 약점 뇌신경연결을 반복 자극할 수 있습니다. 만약 피드백이 빠르고 명확하지 않다면 약점을 교정하기 어렵습니다. 제대로 된 뇌신경 조각 모음을 만들기 어렵게 됩니다.

춤 연습을 하면서 뇌신경연결을 만들려면 정확한 동작을 미리 알아야 합니다. 그리고 본인의 몸동작에 대해서 바로 피드백을 받아야 합니다. 그래서 춤 연습 공간에는 거울이 있습니다. 자신의 춤 동작을 시각적으로, 즉각적으로 피드백 받고 교정할 수 있도록 하기 위한 것입니다. 경험적으로 그렇게 거울을 통해서 즉각적인 피드백을 받고 이를 다시 춤 동작에 반영할 때 빠르게 실력이 향상된다는 것을 알기 때문입니다.

영어 말하기 뇌신경연결도 영어 말하기를 마구 한다고 되지 않습니다. 제대로 만들고 있는지를 확인할 수 있어야 합니다. 즉 피드백을 즉각적으로 받아야 합니다. 이렇게 의식적으로 영어 말을 반복해서 만들면, 무의식적으로 영어로 말을 만드는 상태로까지 서서히 되어갑니다.

골프는 이러한 피드백이 어렵기에 어려운 운동입니다. 스스로 어떤 모습의 스윙인지, 샷의 결과가 어떤지를 실시간으로 알아낼 수 있도록 구조를 만들어야 실력이 쌓입니다. 약점 모듈을 타깃 팅하여 정교한 피드백 구조를 설계해야 합니다.

피드백이 빠르고 섬세하고 명확하다면, 그런 구조를 만들어 반복 연습에 활용하고 있다면 그때부터는 반복 양의 문제입니다. 명확한 피드백을 받는 모든 반복 자극은 약점의 뇌신경연결을 빠르게 강화시킵니다. 반복 자극 하나하나가 뇌신경연결을 빠르게 만들어냅니다.

약점에 대해 명확한 피드백을 받으며 반복, 반복, 반복합니다.

모든 연결은 단기, 장기, 자동기억으로 진행한다

단기기억, 장기기억, 자동기억

문의 번호키를 떠올려 보세요. 처음 번호를 세팅하면 어떤가요? 숫자 하나하나를 생각하면서 꾹꾹 누릅니다. 단기기억입니다. 그러다가 서서히 애써 떠올리지 않아도 누르게 되는 수준이 됩니다. 장기기억입니다. 서서히 속도가 빨라지고 생각하지 않아도 자동적으로 누르게 되는 어떤 상태를 만나게 됩니다. 자동기억입니다.

운전은 어떨까요? 처음 운전을 하던 때가 기억납니다. 운전을 하면서 모든 기기 조작 하나하나에 신경을 모두 쏟아야 합니다.

단기기억입니다. 운전을 반복하면 운전대, 엑셀과 브레이크, 방향 등, 백미러 등의 조작이 서서히 익숙해져갑니다. 장기기억입니다. 운전을 더 반복하고 반복하면 왼쪽으로 차선 변경을 하려고 하면 좌측 깜빡이를 켜고, 순간적으로 눈은 왼쪽의 백미러를 향합니다. 그러고는 운전대를 좌측으로 어느덧 감고 있습니다. 차선 변경을 위한 작은 조각 모음이 자동기억이 되었기 때문입니다. 작은 조각 모음들이 자동기억이 되면 이제 드라이브를 즐길 수 있게 됩니다.

컴퓨터 자판은 어떤가요? 지금 저는 자판을 누르면서 자판을 생각하지 않습니다. 여러분께 지금 말을 하고 있습니다. 말을 하면 자동으로 컴퓨터에 글이 만들어집니다. 처음에는 그렇지 않았습니다. 자판 연습을 꾸준히 했기에 서서히 발전한 것입니다. 자판 위치를 하나하나 보면서 치는 단기기억을 지나, 하나하나 떠올리며 치는 장기기억을 지나, 말소리를 떠올리면 자동으로 치는 자동기억이 된 것입니다.

책읽기 또한 단기, 장기, 자동기억의 단계로 연결된다

책읽기 또한 같은 단계를 거칩니다. 처음 글을 읽기 시작하면 더듬더듬 글과 소리를 연결합니다. 단기기억입니다. 이후 읽고 읽으면서 서서히 글을 보면 뜻을 떠올리게 됩니다. 장기기억입니다. 읽고 읽고 읽으면, 문장을 보자마자 자동적으로 뜻이 떠오릅니다. 자동기억입니다. 자동기억이 되면 소설 읽기는 더 이상 고역이 아닙니다. 책읽기는 자동화되어 책에서 주는 의미를 건져내는 재미가 느껴지기 시작합니다. 소설 속 인물이 되어 책 속으로 빠져들게 됩니다.

모든 기억은 단기, 장기, 자동기억의 단계로 연결됩니다.

반복이
답이다

....

뇌신경연결의 세계에서는 반복을 쌓아야 한다

뇌신경연결을 만들려면 무엇을 해야 할까요? 그렇습니다. 우리의 뇌신경연결을 반복해서 자극해야 합니다.

말을 처음부터 잘하는 사람은 없습니다. 어릴 때 엄마, 아빠 말을 반복해서 듣고, 청각과 이해의 영역을 강화합니다. 들은 것을 바탕으로 표현의 영역을 자극하기 시작합니다. 단순한 한 단어 말에서 두 단어 말, 세 단어 말로 반복 자극을 쌓습니다. 어느덧 생각하지 않아도 말이 만들어지는 순간을 맞습니다. 말을 잘하기 위해서는 말을 반복해서 만들어야 합니다.

피아노를 잘 치기 위해서는? 역시 반복해야 합니다. 피아노를 치지 않고 피아노를 잘 치는 사람은 없습니다. '얼마나 많은 시간 피아노를 반복해서 치는가'가 실력이 됩니다. 반복하는 양이 그대로 뇌신경연결을 만들어내기 때문입니다.

영어 말하기는 어떨까요? 영어로 말을 잘하려면 영어로 말을 많이 만들어야 합니다. 영어로 말을 많이 만들지 않고 영어를 잘할 수는 없습니다.

독서 역시 마찬가지입니다. 독서를 잘하려면 책을 많이 읽어야 합니다. 많이 읽지 않고 독서를 잘할 수는 없습니다.

반복하는 양을 채워야 합니다. 우리의 뇌신경연결은 자연의 법칙을 따릅니다. 소, 고양이, 말, 원숭이 모두 뇌신경연결의 반복 자극으로 세상을 배웁니다. 이러한 자연의 법칙을 이해하고 겸허히 받아들여야 합니다. 자연의 법칙에 위배되지 않도록 해야 합니다.

뇌신경연결의 세계에서는 반복을 쌓아야 합니다. 즉 머릿속에 필요한 뇌신경연결을 쌓는 구조를 만들고, 반복 양을 쌓는 것이 모든 재능 연마의 핵심입니다.

반복은 쉽지 않습니다. 그래서 알면서도 못하는 것이지요. 하지만 자연의 법칙은 명확합니다. 우리에게 필요한 뇌신경연결을 만드는 반복 양을 채우면 그 어떤 것도 연결할 수 있습니다. 반복은 쉽지 않기 때문에, 그래서 반복은 기회이고 차별화의 포인트입니다.

물론 삶에는 확률과 운의 영역이 있습니다. 내가 어쩌지 못하는 영역이죠. 내가 할 수 있는 영역과 그렇지 않은 영역을 잘 구분해야 합니다. 운과 확률의 영역이 아닌 실력의 영역에 집중해야 합니다. 그리고 충분한 반복 양을 채워야 합니다. 실력의 영역에서, 충분한 반복 양을 채우면, 뇌신경은 반드시 연결됩니다.

뇌신경연결의 핵심은 반복, 반복, 반복입니다.
반복에 설레야 합니다.

책읽기의
뇌신경연결

책읽기의 뇌신경연결을 한 번 더 살펴보겠습니다.

책읽기 역시 다양한 작은 재능의 조합입니다. 독서는 글자를 인지하고 언어 이해영역으로 연결되는 과정입니다. 즉, 보고 해석하는 과정이죠.

언어의 뇌신경연결

언어는 단어와 단어의 연결입니다. 우리 뇌에는 남이 한 말을 해독하는 이해영역과 말을 만드는 표현영역이 있습니다. 이해영역은 단어와 단어의 연결을 해독하는 영역이고, 표현영역은 단어와 단어의 연결을 만들어 내는 영역입니다.

이 두 영역 중에 독서는 눈을 통해 이해영역의 뇌신경연결을 자동기억으로 만드는 과정입니다.

이해영역은 두 가지의 방법으로 자극됩니다. 귀로 들어오면 듣기이고 눈으로 들어오면 읽기입니다. 이해영역은 표현영역으로 이어져 있습니다. 표현영역은 두 가지 방식으로 표현합니다. 입으로 표현하면 말하기이고, 손으로 표현하면 쓰기가 됩니다.

듣고 따라 말하기

누군가가 다음의 말을 따라 하라고 말합니다.

"지피지기면 백전불태라."

《손자병법》에 나오는 말이지요. 우리는 쉽게 이 말을 따라 할 수 있습니다. 이 책을 읽는 독자라면 말이죠. 그러나 쉬운 일이 절대 아니라는 것을 알아야 합니다. 외국인에게 이 말을 따라 하라고 하면 굉장히 힘들어할 것입니다. 우리는 어렸을 때부터 관련 뇌신경연결을 만들어왔기 때문에 쉽게 이 말을 따라 할 수 있는 것입니다. 그럼 우리가 어떻게 듣고 따라 하는지, 뇌 속을 따라가 볼까요?

먼저 청각영역에서 음성을 명확하게 듣습니다. 그런 후에 이를 언어 이해영역으로 보내어 해독을 합니다. 그리고 말 조합을 담당하는 표현영역에서는 발음을 만들고, 문법에 맞는 문장을 만듭니다. 그러고는 목구멍, 입천장, 입술, 혓바닥 근육 등으로 신경이 연결되어 발성근육이 움직이게 되지요. 듣고 따라 말할 수 있게 됩니다.

이 같은 과정을 거치는, 듣고 따라 말하기는 쉬워 보이지만 사실 쉽지 않은 능력입니다. 어렸을 때부터 열심히 한땀 한땀 관련 뇌신경을 연결해놓았기에 순간적으로 듣고 따라 말하기가 가능한 것이지요.

그럼 글을 보고 소리 내어 읽을 때는 어떻게 될까요?

'글을 읽어보자'라는 글을 보고 소리 내어 읽어보겠습니다.

먼저 뒤통수 부위의 시각영역을 이용하여 글자 모양을 구분합니다. 구분한 글자 모양을 글자로 인식합니다. 이어서 언어 이해영역에서 뜻을 해석합니다. 이후부터는 말을 따라 할 때와 같은 영역을 사용합니다. 이해영역에서 표현영역으로 넘어간 후 말을 조합합니다. 그리고 말을 하기 위해 입술, 혀, 성대 등의 근육으로 신경이 연결됩니다.

| 시각영역 | ⇨ | 이해영역 | ⇨ | 표현영역 | ⇨ | 입 |

책을 소리 내어 읽는 재능은 시각영역, 이해영역, 표현영역, 발성 근육 등이 모두 적절하게 잘 연결되어 기능할 때에야 가능한 아주 고급 기능인 셈입니다.

독서도 작은 재능의 모음이다

독서 재능 역시 작은 재능의 조합입니다. 이 같은 작은 재능 조각들은 다른 재능의 일부분을 만들기도 합니다. 많이 들어서 이해영역이 발달한 사람은 읽기도 쉬워집니다. 많이 읽은 사람은 다른 사람의 말을 더 쉽게 이해하기도 합니다. 또 이해영역에 많은 뇌신경연결이 만들어진 사람들은 이해영역을 이용해서 표현영역이 풍부해지기도 합니다. 시를 많이 읽은 사람의 이해영역에 시적 표현이 많이 모이게 됩니다. 이 시적 표현을 표현영역에서 사용할 수 있게 됩니다. 필사가 글쓰기에서 의미있는 연습이 되는 이유입니다. 읽기로 많은 단어를 알게 되면, 저장된 단어는 듣기에도 쓰이고, 읽기에도 쓰이고, 쓰기에도 쓰이며, 말하기에도 쓰입니다.

독서는 세계를 한 차원 넓혀주는 도구입니다. 독서를 통해 세상의, 그리고 과거와 현재의 현자들의 생각 조각을 직접 체험할 수 있습니다. 그렇습니다. 간접이 아닌 직접입니다. 시공간을 넘어 그들의 언어를 직접 현장에서 듣는 효과가 납니다. 언어 자극은 다른 수많은 뇌신경연결을 만들어냅니다. 독서를 통해 또 다른 뇌신경연결의 문이 활짝 열리게 됩니다.

제가 독서를 강조하는 이유는 이러한 뇌신경연결의 문이 열리는 구조이기 때문입니다. 독서는 겉으로 보면 정적인 행위이지만 뇌 안쪽에서 보면 아주 역동적인 행위입니다. 독서는 수많은 뇌신경연결을 만드는 최고의 시스템입니다.

뇌신경연결을 만드는 뇌신경연결이 있습니다. 언어 행위, 그중에서도 독서가 대표적입니다. 독서를 통해서 온갖 세상의 지식과 지혜의 뇌신경연결이 지속적으로 만들어집니다. 독서는 뇌신경연결의 문을 활짝 열어줍니다.

책읽기의 단기, 장기, 자동기억

독서 뇌신경연결도 단기, 장기, 자동기억으로 확장되고 단단해
집니다.

처음 우리가 책을 읽기 시작할 때를 혹시 기억하시는지요. 제
자신의 기억은 없지만 아이가 책을 읽어 나가는 과정은 기억합니
다. 아이에게 약 네 살 때부터 책을 읽어주기 시작했습니다. 책 전
집을 하나 사서 매일 밤 읽었습니다. 물론 아이는 글을 모르는 상
태였습니다.

아이가 책을 좋아했으면 하는 마음에 나름 책을 읽도록 유도했
습니다. 아이는 밤늦게까지 노는 것을 좋아 했습니다. 저는 아이
에게 묻습니다. "책 읽을까, 잠잘까?" 아이는 거의 100퍼센트 책

을 읽겠다고 합니다. 그럼 아이가 좋아하는 책 세 권을 직접 고르도록 합니다. 책을 골라오면 또 묻습니다. "아빠가 읽어줄까, 직접 읽을까?" 그럼 아이는 아빠가 읽어달라고 말합니다. 그러면 제가 책을 읽어주기 시작합니다. "중간에 졸리면 언제든 자도 된다"고 미리 말해둡니다. 더 읽어달라고 하면 더 읽어줍니다. 저는 아이에게 수년간 책을 그렇게 읽어주었습니다. 아이는 글을 전혀 몰랐지만 서서히 책 속의 단어와 소리를 연결하기 시작합니다. 재미난 책은 계속 반복해서 읽어달라고도 하더군요. 아이는 재미있으면 몇 번이고 반복합니다.

그러던 어느 날 아이가 책을 혼자 보는 모습을 보게 됩니다. 《큰 것을 좋아하는 임금님》이라는 책이었습니다. 그 책을 혼자서 그럴 듯하게 소리 내어 읽고 있더군요. 그리고는 혼자서 책을 읽는 횟수가 많아졌습니다. 아이는 곧 책을 스스로 읽고 즐기는 단계로 접어들었습니다.

책읽기 관련 뇌신경의 연결

책을 읽는 능력도 서서히 발전합니다. 책읽기 관련 뇌신경이 연결되기 때문입니다. 책읽기 능력도 단기, 장기, 자동기억으로 발달합니다. 단기기억은 글을 보고 뜻을 떠듬떠듬 파악하는 상태입니다. 떠듬떠듬 반복해서 읽으면서 서서히 장기기억으로 발전합니다. 그러고는 단기, 장기기억을 넘어섭니다. 읽고 읽고 읽으면 뜻을 자동적으로 떠올리는 순간을 맞이합니다.

그런 순간을 맞이해야 책에 빠질 수 있습니다. 즉 자동기억 수준이 되어야 책읽기가 즐거워집니다. 만약 뜻을 파악하기 위해 의식적인 노력을 해야 한다면 우리는 책 속으로 빠져들 수 없습니다. 글을 읽으면서 자동으로 머릿속에 영상과 소리를 만들 수 있어야 합니다. 그래야 영화 필름이 돌듯 우리의 머릿속은 책 속 사건과 이야기에 빠져들게 됩니다.

우리가 영어로 된 글을 읽기 어려운 것도 같은 원리입니다. 영어 글은 머릿속에 영화 같은 생생한 이미지를 만들지도 못하고, 만들더라도 자동적으로 만들지 못하기에 영어 책에 빠지기 어려운 것입니다.

글을 많이 읽으면 단기기억, 장기기억, 자동기억으로 연결됩니다. 떠듬떠듬 어렵게 뜻을 파악하는 단기기억을 지나, 조금은 수월하게 파악하는 장기기억을 지나, 나도 모르게 글이 의미와 뜻을 만들어내는 자동기억의 순간을 맞게 되는 것입니다.

속발음 습관의
뇌신경연결 흐름

••

글을 읽으면 점점 글을 읽는 능력이 발달합니다.

한 자 한 자 확인해야 하는 단계를 지나, 단어와 단어를 파악하는 단계를 지나, 몇 단어를 한 번에 파악하는 단계를 지나, 한 줄의 문장을 파악하는 것도 가능해집니다.

예전에 속독을 배울 때 주변 시야로 글을 확인하는 훈련을 한 적이 있습니다. 주변 시야로도 상당 부분 책을 읽을 수 있더군요. 주변 시야로 글을 넓게 읽어내는 훈련을 하면서 한 자씩 보던 상태에서 몇 개의 단어를 한 번에 파악할 수 있다는 것을 알게 되었습니다. 이러한 훈련으로 뇌신경연결은 점차 변화할 수 있습니다.

속발음은 책 읽는 효율을 떨어뜨린다

우리는 글을 읽을 때 보통 속발음을 합니다. 속발음이란 글을 읽으면서 입술과 혀로 또는 머릿속으로 소리를 만드는 습관을 말합니다. 속으로 발음하면서 책을 읽는 것이죠. 이때의 뇌신경연결 흐름을 살펴보겠습니다.

시각 영역 ⇨ 이해 영역 ⇨ 표현 영역 ⇨ 듣기영역 (내적으로 듣기) ⇨ 이해 영역

위에서 색 글씨가 속발음의 뇌신경연결 부분입니다. 책을 이러한 구조로 읽으면 여러 영역을 거쳐야 하기에 글 읽는 속도가 현저히 떨어질 수밖에 없겠죠. 그래서 속독의 기본은 속발음을 없애는 것입니다. 단어와 단어를 최대한 넓게 보는 훈련은 속발음을 없애는 기본 훈련이기도 합니다.

다음은 속발음을 없앤 뇌신경연결 흐름입니다.

시각 영역 ⇨ 이해 영역

속으로 발음하고 속으로 듣는 과정을 거치지 않기에 읽기 연결이 간단합니다. 속발음은 아주 미묘하기에 내적인 관찰이 필요합

니다. 글을 읽을 때 속으로 따라 읽는 습관은 의식적으로 살펴야 알 수 있습니다. 밖으로 소리 내지 않더라도 속으로 소리 내는 경우도 있습니다. 이러한 습관을 고쳐야 읽기 속도가 향상됩니다. 속발음은 책 읽는 효율을 몹시 떨어뜨립니다.

저는 이러한 속발음 습관이 제게 있다는 사실조차 몰랐습니다. 하지만 가만히 글을 읽는 순간을 살펴보니 입술과 혀를 내적으로 사용하고 이를 내적으로 다시 듣는 과정을 거치고 있더군요. 소리를 내지는 않았지만 분명 속발음 뇌신경 회로를 사용하고 있었던 것입니다.

지금은 속발음을 많이 없앴습니다. 더불어 한눈에 꽤 많은 단어들을 담아낼 수도 있습니다. 글을 최대한 크게, 넓게 보려는 의도를 갖고 반복 양을 쌓아가면 속발음 습관을 없앨 수 있습니다.

의도가 있어야 의미 있는 연습 양을 반복할 수 있습니다.

[칼럼1]

책읽기 능력은 훈련으로 향상된다

우리의 능력은 쓰는 만큼 향상됩니다. 독서 능력, 독해 능력도 마찬가지입니다.

우리가 처음 책을 읽을 때를 떠올려 볼까요? 아, 책이 아닌 한글을 익힐 때를 떠올려 보겠습니다. 저는 초등학교 1학년에 글을 처음 배우기 시작했습니다. 1학년 교과서는 단순했던 걸로 기억합니다.

"철수야 놀자."

"영희야 놀자."

이 정도의 간단한 글자를 시작으로 저의 독해 일생이 시작되었습니다. 선생님이 소리 내어 읽으라고 하면 아이들은 긴장을 하고 더듬더듬 읽어 내려갔습니다. 또 받아쓰기 시험을 통해 정확한 표기 익히기를 훈련했습니다.

지금은 다행히도 책을 편하게 읽을 수 있습니다. 휴식 같은 독서가 가능합니다. 책을 읽으면 책 속의 저자가 곁에서 직접 이야기해주는 느낌을 받기도 합니다. 소설을 읽을 때는 소설 속 주인공이 된 듯, 글자는 글자가 아닌 이미지가 되는 경험도 합니다. 독해 능력이 출중해졌기 때문입니다. 그러나 영문은 좀 다릅니다. 영어는 여전히 헷갈리는 단어가 많고, 문장을 읽고도 영상이 모호해 답답함을 느낄 때가 많습니다.

저에게 한국어와 영어의 차이는 무엇일까요? 모국어와 외국어겠지요? 그런데 모국어와 외국어의 차이는 또 무엇일까요? 바로 훈련의 차이입니다. 저는 오늘도 모국어 훈련을 하고 있습니다. 뉴스를 보고, 영화를 보고, 책을 읽고, 기사를 보고, 글을 쓰고, 아이와 대화를 했지요. 사실 훈련이라 생각하지 않으면서 열심히 훈련을 한 것입니다.

마찬가지로 독시도 수많은 시간에 걸쳐 연습했습니다. 읽기 연습을 하지 않고 읽기를 잘 해낼 수는 없습니다. 우리의 뇌는 읽기라는 행위를 위해 만들어진 것은 아닙니다. 생존과 번식의 큰 진화의 흐름에서 읽기라는 능력은 부가적 기능입니다. 필수 기능이 아닌 만큼 후천적 연습이 필요합니다. 피아노를 연습하지 않고 피아노를 잘 칠 수 없듯이 언어도 연습하지 않으면 실력이 향상되지 않습니다. 특히 읽기는 읽어야 실력이 향상됩니다. 읽지 않고는 읽기가 편해지지 않습니다.

운전을 처음 시작했을 때 운전은 스트레스였습니다. 차로 변경을 한 번 하려면 머릿속은 온통 뒤죽박죽 엉망이 되었지요. 순간적으로 끼어드는 차에 브레이크를 밟아야 하는데 엑셀과 헷갈리기도 합니다. 다행히 지금은 운전이 편합니다. 수년 동안 운전을 지속했기 때문입니다. 운전은 하면 할수록 편해집니다. 드라이브 하면서 음악 감상을 하고, 옆 사람과 대화를 나누면 휴식 같은 시간이 되기도 합니다. 운전을 오래 많이 했기에 운전이 익숙한 상태, 즉 자동기억이 되었기 때문입니다.

독서도 자동화를 목표로 해야 합니다. 독서가 휴식이 되려면 나도 모르게 읽은 내용이 머릿속에 스스로 펼쳐질 수 있도록 해야 합니다. 내가 주인공이 되어 1인칭 시점이 되고, 저자가 내 옆에서 나만을 위한 직강을 해줄 수 있도록 머릿속에 영상과 음성이 펼쳐져야 합니다. 이를 위해서는 책을 많이 보아야 합니다. 책을 읽지 않고 책을 못 읽겠다고 해서는 안 됩니다.

독해 능력이 부족할수록 더 많이 읽고, 읽고, 또 읽어야 합니다. 단기기억을 지나, 장기기억을 지나, 자동기억이 되어 글자가 영상이 되고, 소리가 될 수 있도록 훈련 양을 쌓아야 합니다.

운전이 스트레스에서 편안한 휴식의 순간이 되듯, 어느덧 독서

도 휴식의 순간이 될 것입니다. 서서히 독서 뇌신경연결이 자동
화 수준으로 연결되기 때문입니다.

2장

왜 독서인가?

독서는 뇌신경연결(모듈)을 모으는 행위입니다.

모듈을 모아 지식, 지혜의 그물망을 만드는 행위입니다.

뇌신경연결 그물망을 만들어내는 행위입니다.

이 지식, 지혜의 그물망을 만들기 위해 대가에게 배우는 것, 즉 독서를 하는

것입니다.

독서, 모든 자기계발의
기초 공사

· ·

독서는 모든 자기계발의 기초입니다. 저는 자기계발을 평생에 걸쳐서 해야 한다고 생각합니다. 여기에서 말하는 자기계발은 의미가 굉장히 넓습니다.

현대 의학은 끊임없이 업데이트되고 있습니다. 이전의 의학 지식은 몇 년 안에 새로운 지식으로 완전히 대체되기도 합니다. 이게 현대 의학의 강점이라고 저는 생각합니다.

저는 의사입니다. 의사가 환자를 제대로 돌보기 위해서는 의학 정보를 끊임없이 업데이트해야 합니다. 이렇게 업데이트한 정보를 주로 치료에 쓰지만, 가공하여 논문이나 책을 쓸 때 사용합니다. 강의에 활용하기도 합니다.

이처럼 여러 가지 상황에서 주어진 임무를 더 잘해내려면 지식과 기능을 끊임없이 업데이트해야 합니다. 지식을 업데이트하려면 지식을 업데이트하는 방법을 업데이트해야 합니다. 이때 제가 주로 사용하는 방법은 책읽기입니다. 책을 통해서 지식을 업데이트하는 것이죠.

최신 의학 정보를 받아들이려면 영어 읽기 능력이 뒷받침되어야 하는데요. 영어 실력이 부족한 저는 때때로 영어 공부법에 관한 책을 읽고, 그 영어 공부법을 저에게 적용합니다. 또 책을 쓰기 위해서 저는 책을 쓰는 방법에 대한 책을 읽고, 이를 적용하려고 애씁니다. 마찬가지로 강의법에 관한 책을 읽고 강의를 만들 때 적용합니다.

책읽기는 거인에 오르는 가장 빠르고 확실한 방법

이처럼 책읽기는 저에게 모든 자기계발의 기초 행위입니다.

책을 쓰는 사람은 자신의 수십 년의 노하우를 압축하여 한 권의 책으로 만듭니다. 저는 책 한 권을 읽어서 그들의 노하우, 그들의 지혜, 그들의 지식을 얻어냅니다. 그래서 새로운 기술을 만드는 것이 필요할 때, 책에서 다양한 지식과 지혜를 얻고 적용합니다.

저는 본업인 의사 업무 이외의 영역에서도 꾸준히 자기계발하는 것을 좋아합니다. 명상하기, 말하기, 영어 말하기, 영어 듣기, 골프, 테니스 등등 원하는 스킬을 얻기 위해서 시간과 노력을 투자하고 있습니다. 이때 제가 가장 먼저 사용하는 방법은 그 분야의 성공한 대가에게 강의를 듣는 것입니다. 저는 그 강의를 말로도 듣지만, 대개는 글로 듣는 것을 더 좋아합니다.

이처럼 저는 독서를 통해 인류의 축적된 지식을 빠르게 얻습니다. 독서는 가장 빠르고 효과적으로 우리를 자기계발로 안내해줍니다. 먼저 길을 걸어간 선배, 선생의 한마디는 시행착오를 줄여줍니다.

책읽기는 인류의 지식과 지혜가 압축된 거인에 오르는 가장 빠르고 확실한 방법입니다.

선배, 선생 군단을
만들다

┐

∙∙

책에는 한 사람 혹은 한 시대의 성과가 응축되어 있다

우리에게 필요한 것은 스킬을 알려줄 선배, 선생입니다. 그들의 노하우를 차분히 안내할 사람이 필요합니다. 책은 그러한 선배, 선생을 군단(群團)으로 제공합니다. 책이 제공하는 선생 중에서 필요하다면 우리는 누구든 선택할 수 있고, 그 선택권은 시간과 공간에 제한이 없습니다. 활자를 통해 그들의 목소리를 지금 당장 들을 수 있습니다. 글을 통해 그들의 노하우, 지식이 시공간을 넘어 우리의 뇌신경연결로 직접 링크됩니다.

책을 내본 사람은 압니다. 책은 그 어떤 강의보다 정성이 많이 들어간다는 사실을요. 강의는 말하고 나면 사라집니다. 하지만 책은 쓰고 출간되는 순간 영원히 저장됩니다. 영원한 돌에 새겨지게 됩니다. 휘발되는 말보다 묵직하게 오래가는 글은 그만큼 책임감이 더 합니다. 저자는 책에 최고의 강의와 최고의 생각을 넣기를 원합니다. 머릿속의 생각을 정교하게 가다듬고 명확해질 때에야 비로소 책 쓸 용기가 생겨납니다.

아마도 모든 책이 이러할 것입니다. 말하고자 하는 분야의 핵심을 잘 추려, 먹기 좋은 크기로 잘라내려 많은 노력을 기울일 것입니다. 그러니 독서는 분야의 대가가, 가장 공들여 생각하고 정리한 내용을, 가장 공들여 강의해주는 것을, 가장 저렴한 형태로 받아들이는 것이라고 말할 수 있습니다.

책은 비싸다면 비싸지만, 책이 우리에게 주는 가치에 비하면 그렇게 비싸다고 생각하지 않습니다. 이런 이유로 저는 책 사는 비용만큼은 아끼지 않습니다. 그저 한 줄 문장에 이끌려 책을 사기도 합니다. 누군가 좋다고 이야기하면 책 구입 목록에 기록해두었다가 필요한 책이면 삽니다.

책은 책값 그 이상의 가치를 지녔을 확률이 매우 높습니다. 저는 책을 투자의 개념으로 봅니다. 보통의 물건은 사는 순간 가치를 잃기 시작하지만 책은 두고 읽을수록 가치가 응축됩니다.

책의 내용은 내 머릿속에서 지식 모듈로 연결되어 생각하지도 못하는 가치를 만들기도 합니다. 아주 작은 지식 한 조각이 다른 지식과 엉키면서 신기하고 가치 있는 생각으로 거듭나기도 합니다.

읽은 것을 나만의 관점으로 재창조하기

이렇게 책에는 한 사람 혹은 한 시대의 성과가 응축되어 담겨 있습니다. 그렇다 해도 책에 담긴 모든 내용이 옳은 것은 아닙니다. 이를 또 명확하게 알고 있어야 합니다. 물론 저자가 깊게 생각하고 핵심을 간추린 것이기에 옳을 확률이 높기는 합니다. 하지만 책에 담긴 내용 모두를 무비판적으로 수용할 필요도 없고, 또 그래서도 안 됩니다. 비판하고 숙고하여 자신의 생각으로 다시 연결해야 합니다.

같은 내용에 대해 여러 책에서 서로 다른 말을 하는 경우도 있습니다. 어떤 책은 '이렇다'라고 말하고, 다른 어떤 책은 '저렇다'라고 이야기합니다. 그래서 같은 주제를 다른 시각으로 다룬 책을 같이 읽는 것이 필요합니다. 그러고는 나만의 관점으로 다시 재창조해야 합니다. 책 한 권을 읽고 그 분야를 모두 알았다고 생각하면 안 됩니다. 지식은 끊임없이 정반합(正反合)의 과정을 거쳐

나아가는 것이어야 합니다. 언제든 지금의 지식 모듈은 옳지 않다고 판명될 수 있고, 최신의 지식으로 대체될 수 있다고 생각해야 합니다.

그래서 확률적 사고가 필요합니다. 서로 상반된 주장에서 어떤 주장이 옳을 가능성이 높은지를 가늠해야 합니다. 100퍼센트 옳지 않아도 더 옳을 가능성을 가늠해야 합니다.

다양한 책을 읽는 것은 다양한 의견을 수렴하는 행위라고 볼 수 있습니다. 다양한 의견을 수렴해서 나의 관점으로 판단하고 재해석해야 합니다. 모두가 틀릴 수도 있다는 열린 자세로 말이지요. 지금의 지식이 완전무결하고 결정적이지는 않다는 열린 자세로 말이지요.

온라인 시대,
그래도 다시 책이다

••

온라인 시대에도 책은 유용할까요? 온라인 정보는 무한하다고 말할 정도로 방대합니다. 그런데도 단연코 책은 다른 어떤 매체보다 유용합니다.

1. 온라인의 정보는 조각나 있다

온라인의 정보는 호흡이 짧습니다. 온라인에서는 긴 호흡의 깊이 있는 지식을 구조화하기가 쉽지 않습니다. 온라인에서 앞과 뒤, 위에서 아래로의 깊이 있고 체계적인 정보를 얻어내기는 쉽지 않습니다. 이에 반해 책은 한 가지 주제로 깊게 짜입니다. 깊이 있는 정보와 촘촘하고 균형 있는 짜임새로 만들어진 책에는 온라인의 파편화된 지식으로 얻기는 어려운 것들이 있습니다.

2. 온라인 정보는 다시 보기가 어렵다

정보가 내 머릿속의 뇌신경연결이 되기 위하여 반드시 필요한 것이 있습니다. 반복입니다. 정보가 머릿속에 그저 공짜로 들어오지 않습니다. 반복해서 지식 모듈을 자극했을 때 뇌신경연결이 장기기억으로 자리잡습니다.

온라인 정보는 여러 이유로 반복 자극하기가 어렵습니다.

먼저 온라인 정보는 조각 나 있어서 모으기가 쉽지 않습니다. 온라인 정보에는 나만의 표시를 할 수도 없습니다. 읽은 정보 중 기억할 필요가 있거나 중요한 정보에 작은 표시를 해두면, 나중에라도 정보에 표시했던 당시의 맥락을 떠올리면서 반복 자극을 할 수 있습니다. 온라인 정보와 다르게 책은 그러한 자신만의 표시를 마음껏 할 수 있기에 반복 양을 채우기가 쉬운 구조입니다.

3. 온라인 동영상 정보는 나만의 정보로 재조직하기 어렵다

요즘은 유튜브 등에 좋은 영상 정보가 무척 많습니다. 이러한 정보는 이해가 쉽고 잘 요약된 경우도 많기에 추천할 만합니다. 하지만 이 같은 동영상 정보에는 나만의 표시를 하기 어렵습니다. 동영상 정보를 다시 얻으려면 다시 시간을 내야 합니다. 동영상 정보를 반복하기 위해서는 재생속도를 높인다 해도 비슷한 시간이 다시 필요합니다. 하지만 책은 한 번, 두 번, 세 번 볼 때마다 속도가 빨라집니다. 또 필요한 부분만 빠르게 다시 찾아볼 수도 있습니다. 책은 페이지를 바로 찾아볼 수 있기에 많은 시간을 들이지 않고도 필요한 정보에 빠르게 접근할 수 있습니다.

4. 책은 가장 신뢰할 수 있는 정보 창고다

온라인에는 신뢰하기 어려운 출처 미상의 정보가 넘쳐납니다. 온라인은 익명성과 비전문성으로 정보에 대한 책임을 묻기도 어렵습니다.

하지만 책은 글의 주인이 명확합니다. 이름 석 자가 박힌 책의 저자는 그 안의 신뢰도를 총괄하는 최종 책임자입니다. 신뢰도에 문제가 생기지 않도록 최선을 다할 수밖에 없는 구조입니다. 그리고 저자의 신뢰도를 독자는 미리 알 수 있습니다. 책의 저자가 어떤 삶을 살아왔는지를 살펴보고, 책을 쓸 수 있는 자격이 있는지를 가늠하여 책을 선택할 수 있습니다. 물론 저자 자신도 모르는 사이에 혹은 의도적으로 오류를 포함할 수 있기에 책의 내용을 무조건 신뢰하자는 것은 아닙니다. 그럼에도 불구하고 책은 지금까지 인류가 만든 어떤 매체보다도 가장 신뢰할 수 있는 매체인 것만은 확실합니다.

독서, 창의의
기초다

∙∙∙

"창의는 다르게 보는 것이다. 창의성은 발명이 아니라 발견이다."

- 박웅현, 《여덟 단어》

"Creativity is just connecting things."(창의성은 그저 사물을 연결시키는 것이다.)

- 스티브 잡스

"창조는 편집이다."

- 김정운, 《에디톨로지》

"창의성이란 생물학적으로 기존 방법으로 해결되지 않는 상황에서 가지고 있던 기억을 새롭고 독특한 방법으로 조합하는 것이다."

- 박문호,《뇌과학의 모든 것》

창의는 재료를 새롭게 연결하는 것이다

저는 이들의 창의에 대한 정의와 저의 생각을 조합하여 저만의 창의에 대한 정의를 내려보겠습니다.

"창의란 '재료+연결'이다."

즉 '창의는 재료를 새롭게 연결하는 것이다'입니다. 창의는 기존에 없던 새로운 뇌신경연결을 만드는 행위입니다.

다윈은 처음으로 '진화'라는 개념을 알아본 과학자입니다. 생물학에 엄청난 창의적인 업적을 남긴 인물이지요. 그는 남들에게는 없는 신선한 1급 요리재료를 갖고 있었고, 그 재료를 다양한 조합으로 연결하는 끈기 또한 가지고 있었습니다.

다윈은 20대의 젊은 나이에 비글호를 타고 5년 동안 세계의 바다를 항해하는 기회를 얻습니다. 그가 승선한 비글호가 갈라파고스 제도를 지나게 됩니다. 박물학자(博物學者)였던 다윈은 갈라파고스 제도의 여러 섬에서 다양한 생물을 관찰할 수 있었습니다. 각종 동식물의 표본을 만들어서 수집하기도 했습니다. 같은 종에 속하는 동식물들이 각각의 섬의 각기 다른 환경에 적응하는 것을 보고는, 그 현상에 깊게 매료되었습니다. 호기심이 많았던 다윈은 또 책을 좋아했습니다. 찰스 라이엘(Charles Lyell)의 《지질학의 원리》를 읽고, 맬서스(Malthus)의 《인구론》을 읽었습니다.

다윈은 이처럼 다양한 경험에서 얻은 정보와 책에서 얻은 정보를 연결하기 시작했습니다. 인류의 자산인 《종의 기원》은 그렇게 탄생했습니다. 다양한 재료를 얻고, 그 '재료'들을 깊이 들여다보고 진실을 위한 '연결'을 하였던 것이지요.

창의는 마른하늘에 날벼락처럼 하늘에서 뚝 떨어지는 것이 아닙니다. 기존의 지식과 경험을 바탕으로 연결하여 새로운 통찰, 즉 창의를 하는 것이지요.

독서는 최고의 재료를 모으는 가장 검증된 방법

이것이 독서를 해야 하는 이유입니다. 독서는 기존의 재료를 얻기 위한 가장 검증된 시스템이기 때문입니다. 수많은 지적 경험은 책 속에 문자화되어 우리에게 수많은 재료를 제공합니다.

우리는 기존의 지식과 경험을 책을 통해서 빠르고 정확하게 얻어낼 수 있습니다. 독서는 거인의 어깨에 오르기 위한 가장 빠르고 검증된 방법입니다.

뉴튼도, 아인슈타인도, 바둑의 고수도, 춤의 달인도 기존의 것에서 시작하고 연결하여 자신만의 것을 만들어냅니다.

창의란 재료+연결입니다.

그리고 독서는 최고의 재료를 모으는 가장 검증된 방법입니다.

책은 조각의
모음이다

책은 조각의 모음이다

책은 무엇으로 이루어졌을까요? 책은 결국 생각 단위로 이루어져 있습니다. 책의 주제를 중심으로 생각 단위가 구성에 맞게 조각 모음되어 있습니다. 책은 지혜 한 덩이, 지식 한 덩이 등 각각의 덩이 단위로 이루어집니다.

책을 조각 모음으로 바라보는 관점은 중요합니다. 책에서 나에게 필요한 조각을 찾아내고, 목적에 부합하지 않는 조각은 무시할 수 있기 때문입니다. 책의 내용을 모두 알 필요도 없으며, 각각 단위의 연결성을 알게 되면 모든 단위를 알아야 되는 것이 아님을 알 수 있습니다. 단위의 상대적 위치를 알면 큰 흐름과 관련한 주요 단위만을 취사선택해서 찾아낼 수 있습니다.

책읽기는 한 조각의 멋진 조각을 찾기 위한 여정

전략적 요충지를 알기 위해서는 전체 구조를 알아야 합니다. 전체를 볼 수 있는 지도가 없다면 전략적 요충지를 알 수 없습니다. 책의 각각의 작은 단위를 알고 단위별로 가중치를 가늠하여 접근하도록 합니다.

책 속 각각의 단위는 책의 주제를 향하고 있습니다. 지혜, 지식 단위를 하나씩 살피면서 저자의 중심 생각을 다각도로 살펴봅니다. 지식 조각은 부분이면서 전체를 향합니다. 그런 지식 단위가 만들어내는 상대적 포지션과 중요도를 가늠합니다.

책을 읽을 때 책 속 단위 중에 몇 가지만을 건져도 좋다고 생각해야 합니다. 몹시 중요한 한 가지 단위가 내 생각을 바꾸고, 내 생각 중에 불안정한 부위를 견고히 할 수 있습니다. 생각 단위 한 조각만을 얻어도 됩니다.

책을 모두 다 읽으려 하지 않습니다. 글자보다 중요한 것은 저자가 만들어내는 메시지입니다. 저자의 메시지보다 중요한 것은 내가 얻은 책 속 단위에 따른 내 머리의 변화 내용입니다.

이처럼 책은 작은 정보, 지혜의 조각 모음입니다. 책읽기는 한 조각의 멋진 조각을 찾기 위한 보물찾기의 여정입니다. 모든 책을 다 읽을 필요가 없습니다. 주요 단위를 중심으로 한 덩이 한 덩이씩 보물찾기를 해나갑니다.

독서는
뇌신경연결점을 만든다

독서는 뇌신경연결(모듈)을 모으는 행위

뇌신경연결은 모듈로 되어 있습니다. 모듈은 조각, 블록이라고 부를 수 있지요. 조각이면서 자체로 완결성을 가지고 다른 모듈과 뭉치고 쪼개질 수 있습니다.

개인이 모이면 가족이 되고, 가족이 모여서 마을이 되고, 마을이 모여서 도시가 되고, 도시가 모여 국가가 되고, 국가가 모여 세계가 됩니다. 모듈도 비슷합니다. 뇌신경연결이 모이면 작은 모듈이 됩니다. 작은 모듈이 모이면 큰 모듈이 됩니다. 큰 모듈이 모이면 조금 더 큰 모듈이 됩니다. 조금 더 큰 모듈이 모이면 조금 더 더 큰 모듈이 됩니다. 조금 더 더 큰 모듈이 모이면 조금 더 더 더 큰 모듈이 됩니다.

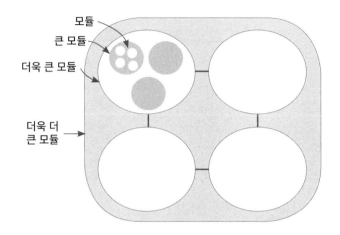

개인은 가족의 일원이면서, 회사의 구성원이면서, 조기축구회 회원일 수 있습니다. 나라는 OECD 회원이며, UN 가입국이며, 아시아 국가이기도 합니다.

모듈도 다양하게 연결되면서 뇌 속 기능을 합니다. 모듈은 조각, 블록과 같습니다. 조각날 수 있고 덩어리질 수 있습니다.

독서는 뇌신경연결(모듈)을 모으는 행위입니다. 모듈을 모아 지식, 지혜의 그물망을 만드는 행위입니다. 뇌신경연결 그물망을 만들어내는 행위입니다. 이 지식, 지혜의 그물망을 만들기 위해 대가에게 배우는 것, 즉 독서를 하는 것입니다.

창조에는 재료가 기본입니다. 재료 없이 요리가 나올 수 없듯이, 기존의 지식과 지혜라는 재료 없이 창조가 나올 수 없습니다. 그 재료를 무한 공급받을 수 있는 시스템이 독서입니다. 거인의 어깨에 오르고, 촘촘한 그물망을 만들기 위한 시스템이 바로 독서입니다. 시공간을 넘어 대가의 뇌신경연결 모듈을 복사해 넣는 것이 독서입니다. 뇌신경연결(모듈)을 모으면 이 재료를 이용한 다양한 요리가 가능해집니다. 다양한 창조가 가능해집니다.

재료는 점이고, 재료의 연결은 선이다

재료는 점입니다. 재료의 연결은 선입니다. 재료가 많을수록 신기한 연결을 만들 확률이 높습니다. 점이 빈약한 연결은 촘촘할 수 없습니다. 신기한 연결도 불가능합니다.

기발한 연결은 전략적 요충지에 찍혀 있는 점이 만듭니다. 때마침 얻은 한 가지 점은 멀리 있는 점을 유효하게 연결할 징검다리가 됩니다.

'비글호'에서 얻은 동식물 채집과 신기한 경험은 다윈의 머릿속에서 통합되지 못하고 헛돌고 있었습니다. 그때, 때마침 읽은 맬서스의 《인구론》은 수많은 경험치, 생각 모듈의 전략적 요충지에 찍힌 한 점이 됩니다. 전략적 요충지에 한 점이 찍힘으로써, 흩어진 점들은 서로 의미 있게 연결되고 '진화'의 큰 그림으로 재구성된 것입니다.

점을 모으면 당시에는 어떻게 쓰일지 모릅니다. 점은 그저 점입니다. 하지만 점의 숫자가 점차 늘어나 많아지면 연결은 활발해지고 그러다 기발한 연결도 나옵니다.

독서는 이러한 점을 찍는 행위입니다. 독서로 만들어진 한 점 한 점은 어떻게 쓰일지 모릅니다. 어떻게 연결될지 모릅니다. 지금은 그저 하나의 점으로 존재합니다. 그래서 쓸모없는 점으로 보일지도 모릅니다. 그러다 점차 점이 많아지면, 점들은 서로 연결되기 시작합니다. 과거의 점과도 연결되고, 결국 미래의 점과도 연결되겠지요.

독서만큼 확실하고 수많은 점을 빠르게 얻을 수 있는 것은 없습니다. 여행에서 그리고 실제 경험에서도 점을 얻을 수 있습니다. 더불어 먼저 경험한 사람의 이야기를 직접 듣는 것도 좋은 방법입니다. 그러나 이런 방법은 시간과 공간의 제약을 많이 받을 수밖에 없습니다. 독서는 그런 제약에서 비교적 자유롭습니다. 독서를 통해 우리는 시공을 넘나들며 점들을 모을 수 있습니다. 독서는 경험치와 고찰을 단시간에 얻어낼 수 있는 가장 저렴한 방법입니다.

책을 읽는 것은 점을 모으고 연결하는 일이다

한평생의 지식과 지혜를 단 한 권의 책으로 얻을 수도 있습니다. 수많은 인생의 점들을 책을 통해서 가장 체계적으로 얻을 수 있습니다. 그리고 점들의 연결 방법에 대한 지혜도 얻을 수 있습니다. 점들의 연결에 대한 전략적 요충지에 점을 찍는 것도 책을 통해 얻을 수 있습니다.

한 분야의 점들이 모이면 전문가 수준으로 지식이 촘촘해집니다. 이후 다른 분야의 점을 모아갑니다. 분야별로 점들이 모이면서 서서히 분야별 큰 점들이 되어 다채롭게 서로 연결되기도 합니다. 두세 가지 분야에 능통한 전문가가 더 높은 창의를 발휘하는 이유이기도 합니다.

노벨상을 받은 과학자들 중에는 음악과 스포츠 등에도 조예가 깊은 예가 상당수 있습니다. 2000년에 노벨생리의학상을 수상한 에릭 캔들은 미술에도 상당히 조예가 깊어 예술에 관한 뇌과학 책을 여러 권 내기도 했습니다. 로봇 박사 데니스 홍(Dennis Hong)은 로봇을 만들 때 동식물의 기능을 참고한다고 합니다. 분야별의 큰 점들이 서로 연결되면서 기발한 아이디어가 나오는 것이죠.

분야별로 점을 모으는 가장 가성비 있는 구조는 역시 독서입니다. 세상의 스승 군단인 책의 가르침을 받아야 합니다. 가르침 한 점, 한 점을 소중히 모아야 합니다.

독서의 뇌과학

브로카 영역과 베르니케 영역

프랑스 외과 의사였던 폴 브로카(Paul Pierre Broca)는 한 환자를 부검하였습니다. 그 환자는 '탄'이라 불렸습니다. 모든 질문에 '탄'이라고 대답했기 때문입니다. 그는 말은 이해할 수 있었지만 스스로 말하기, 따라 말하기는 불가능했습니다. 좌측 대뇌반구 앞쪽 부분의 영역이 손상되었기 때문입니다. 바로 뇌의 표현영역이 손상되어 말을 하지 못한 것입니다. 이 외과의사의 이름을 붙여서 표현영역을 '브로카 영역(Broca area)'이라 부릅니다. 그리고 말을 표현할 수 없는 실어증을 '브로카 실어증'이라 부릅니다.

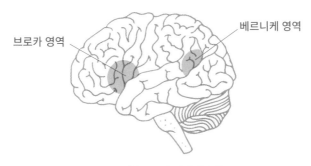

표현영역을 브로카(Broca) 영역이라 부르고,
이해영역을 베르니케(Wernicke) 영역이라 부른다.

한편 독일의 신경과 의사였던 베르니케(Wernicke)는 이와 다른 유형의 실어증 환자를 관찰합니다. 그 환자는 발음도 정확하고 억양도 정확하지만 말을 알아듣지는 못하였습니다. 말하기는 가능하지만 그 말은 의미를 만들지 못합니다. 브로카 실어증과 달리 말을 알아듣지도 못합니다. 이는 언어의 이해영역이 손상되었기 때문입니다. 이 영역이 손상된 환자들을 '베르니케 실어증' 환자라 부르고, 이해영역을 '베르니케 영역'(Wernicke's area)이라 부릅니다.

책읽기의 뇌과학

우리의 언어영역은 몇 가지 모듈(시각영역, 청각영역, 이해영역, 표현
영역)로 나뉘며, 하나의 언어 모듈이 손상되면 손상된 영역만큼의
기능장애가 생깁니다. 하나의 언어 모듈이 손상되었다고 언어영
역 전체가 손상되는 것은 아닙니다.

책읽기 능력은 관련 영역을 반복 자극하면서 뇌신경연결을 만
드는 행위입니다. 특히 시각영역과 이해영역을 강하게 연결하는
작업입니다.

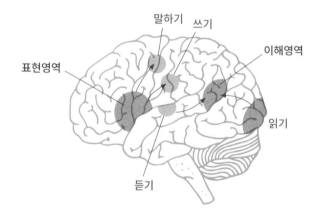

위의 그림은 뇌의 좌측에 있는 언어 뇌신경연결 그림입니다.

듣기(귀)와 읽기(눈)로 들어온 정보는 이해영역으로 이어집니다.
이해영역(Wernicke 영역)은 표현영역(Broca 영역)으로 이어지고요.
이후에 말하기(발성 근육), 쓰기(손 근육)로 따로 연결됩니다.

우리의 정보 입력은 언어를 통합니다. 언어는 다양한 상징적 기호이고 이러한 정보는 듣기로도 들어오고, 읽기로도 들어옵니다. 들어온 정보는 언어의 이해영역에서 해독하고 이해합니다.

독서는 읽기를 통한 이해영역의 자극입니다. 자극된 이해영역은 다양한 뇌 영역을 연이어 자극합니다. 추상적인 부분을 자극하기도 하고, 지혜를 자극하기도 하고, 분석력을 자극하기도 하고, 마음을 자극하기도 합니다. 이해된 만큼 관련 뇌 영역이 연이어서 자극됩니다.

이처럼 듣기와 읽기는 이해영역을 자극합니다. 책을 쓴 저자의 목소리는 시각영역을 통하여 이해영역에서 이해됩니다. 이해된 지식과 정보의 덩어리가 기존의 내 머릿속 뇌신경연결에 연결되고 흡수됩니다. 입력된 정보덩어리는 내 머릿속 뇌신경연결 조합을 풍성하게 만듭니다.

2부

뇌신경을 연결하는
크랩독서법

3장

책, 어떻게 읽을 것인가?

크랩독서법에서 시간제한을 두는 이유는

시간제한이 깰 듯 말 듯한 미션감을 주기 때문입니다.

제한된 시간은 더 명확하게 중심 내용을 찾아내게 하고,

중심 내용을 여러 번 반복하게 합니다.

책은 신하,
내가 왕이다

．．．．．．．．．．．．．．．．．．．．．．．．．．．．．．．．．．．．．．

　내가 왕입니다. 책은 신하입니다. 그러니 신하인 책은 왕인 나를 모셔야 하지요. 내가 책을 하대하는 것은 당연합니다. 하대하고 마구 대하면서 나에게 필요한 이야기를 건네주는 참모 정도로 여깁니다. 책을 너무 높게 대하면 책과 친해지기 어렵고 책의 기운에 눌릴 수도 있습니다.

　책을 처음부터 끝까지 모두 읽을 필요도 없습니다. 나에게 필요한 것을 추려내어 제한된 시간만을 책에게 허락하여야 합니다. 책을 읽기 위해 시간을 내는 것이 아니라, 책읽기는 내가 시간이 있을 때 왕인 내가 신하에게 말할 시간을 주는 형식이 되어야 합니다. 충신들은 내 곁에 머물며 필요한 내용을, 주어진 시간 안에 말해줄 것입니다.

책에게 왕의 자리를 넘겨주지 말아야 하지만 신하의 말을 꾸준히 들어야 합니다. 그래야 신하는 좋은 의견을 낼 수 있습니다. 특히 좋은 의견을 내는 신하를 저 멀리에서 바로 옆자리로 끌어와야 합니다. 물론 이때에도 왕의 자리는 꼭 지켜내야 합니다. 왕의 귀한 시간을 한낱 신하의 의견에 너무 많이 할애하지 않아야 합니다.

내가 이렇게 확실히 왕이 되면 오히려 신하를 많이 만나고 싶어집니다. 반대로 책을 왕으로 대접하기 시작하면 오히려 대하기 부담스러워져 점점 만나기 싫어집니다. 극진히 모셔야 하기에 부담이 생기는 것이지요. 왕(책)의 말은 감히 끊을 수도 없습니다. 왕이 한번 말씀을 시작하면 신하(나)는 감히 말을 끊고 내 의견을 낼 수 없습니다.

그러니 책을 왕으로 모시지 말아야 합니다. 오히려 하대해야 합니다. 옆에 아무렇게나 펼쳐놓고 시간이 될 때 한번 좋은 의견을 내보도록 기회를 주어야 합니다. 만약 크게 도움이 안 되는 말이라면 그 입을 다물게 해야 합니다. 그리고 더 멋진 신하를 찾아 고견을 내도록 기회를 줘야 합니다.

책을 신하로 대할수록 오히려 더 만나기 쉬워집니다. 신하들에게 말할 기회를 주고, 발언권을 부여하는 왕이 되어야 합니다. 책에게 끌려다니지 말고, 주도권을 쥐고 흔들어야 합니다. 세상에는 충직하고 멋진 신하가 너무 많습니다. 아직도 왕을 만나지 못한 멋진 신하가 많고도 많습니다. 왕에게 충언을 하고 싶어서 안달난 상태로 말이지요.

내가 왕입니다. 내가 칼을 쥐고 있습니다. 내게는 신하에게 발언권을 줄지 말지, 또 신하의 발언 내용을 받아들일지 말지에 대한 권한이 있습니다.

내가 왕이 되어서야 신하의 의견을 더 많이 들을 수 있습니다. 물론 최종 판단은 왕인 나의 몫이고 권한입니다. 다만 더 멋진 판단을 내리기 위하여 주위에 올곧은 신하를 두고 그들의 의견을 귀담아들을 뿐입니다.

왕이 되어 신하에게 제한된 시간 동안 의견을 묻습니다. 때로는 해고하고, 때로는 요직에 앉혀서 최종 판단을 위한 참모진을 구축해야 합니다.

나는 왕입니다. 책은 신하입니다.

시간제한을 하고
책을 읽어라

시간제한을 하고 책을 읽어야 하는 이유

　크랩독서법에서는 시간제한을 두고 책을 읽도록 권합니다. 그렇다고 빨리 읽는 것이 목표는 아닙니다. 크랩독서법의 목표는 새롭고 유용한 지식 모듈을 얻는 것입니다. 빨리 읽고 머릿속에 남는 것이 없다면, 책을 읽을 이유가 없습니다.

　크랩독서법에서 시간제한을 두는 이유는 시간제한이 깰 듯 말 듯한 미션감을 주기 때문입니다. 제한된 시간은 더 명확하게 중심 내용을 찾아내게 하고, 중심 내용을 여러 번 반복하도록 이끕니다. 시간제한은 핵심 내용을 찾고 이를 반복을 하기 위한 작전입니다. 즉, 시간제한은 선택과 집중을 돕습니다.

독서 초보 시절에 저는 보통 2주에 한 권을 읽었습니다. 2주 동안 열심히 읽고 또 읽으면 한 권이 끝납니다. 하지만 2주 전에 읽었던 앞부분의 내용은 어렴풋하게 남아 있을 뿐입니다. 중요한 것이든, 주변의 것이든 모두 꼼꼼히 챙겨 읽으려니 2주의 시간이 필요했던 것입니다. 독서는 그저 글을 읽는 것이 아닙니다. 독서를 하는 것은 저자의 아이디어, 생각을 알아내기 위해서입니다. 이걸 정확히 알고 있어야 합니다.

책을 읽기 시작한 지 약 1년 정도 지났을 때, 책을 조금 더 빨리 읽으면 좋겠다는 생각을 하게 되었습니다. 속독법이란 걸 듣기는 했지만, 사실 믿기지는 않았지요. 하지만 어떻게 하는 것인지 속독 원리는 알고 싶었습니다.

온라인 강좌에 등록하고, 속독법을 훈련해나갔습니다. 안구 시야를 확장하고, 눈의 초점을 빠르게 찍어나가는 훈련을 했습니다. 이렇게 몇 달 훈련을 하니, 책 읽는 속도가 한결 나아졌습니다. 하지만 독서에 획기적으로 도움이 되었던 것은 아닙니다.

나의 독서를 변화시킨 책을 만나다

그러다가 책을 한 권 만납니다. 《부자나라 임금님의 성공 독서 전략》이란 책이었습니다. 참 저렴해 보이는 제목이었습니다. 크게 기대하지 않고 책을 펼쳤습니다. 그러고는 빠져들었습니다. 내용은 우화 형식의 독서 자기계발서였지요.

가난한나라와 부자나라가 있었습니다. 어느 날 부자나라가 왜 부자인지 알아내기 위하여 가난한나라에서 스파이를 보냅니다. 스파이는 곧 잡혀서 부자나라의 임금을 만나게 됩니다. 부자나라 임금은 스파이에게 부자나라에 잠입한 이유를 듣고는 너그럽게도 어떻게 부자나라가 되었는지를 차분히 설명해줍니다. 비결은 단순했습니다. 책을 읽고 이를 적용한 것뿐입니다.

여기서 그치지 않고 부자나라 임금은 스파이에게 어떻게 책을 효과적으로 읽을 수 있는지 개인 레슨까지 해줍니다. 참 너그러운 임금이었지요. 부자나라 임금은 책읽기 비결을 다음과 같이 말합니다.

"먼저 책의 핵심 내용의 위치를 파악해야 한다. 이렇게 찾은 핵심 내용을 통하여 전체 내용을 조금씩 알아낸다. 그리고 나에게 필요한 약 20퍼센트의 내용을 찾아서 읽으면, 책 내용의 80퍼센트를 취할 수 있다."

가볍게 읽기 시작했던 그 책을 읽고 저는 뒤통수를 맞은 느낌을 받았습니다. 부자나라 임금의 말이 옳다는 강한 확신을 갖게 됩니다. 여기에 자극을 받아 다양한 독서법 책을 찾아 읽고 정리해보았습니다. 그러고는 알게 되었습니다. 독서법은 다양해 보이지만 결국 같은 지점을 향하고 있다는 것을 말이지요.

어떻게 책의 핵심을 찾아내고
그 핵심을 나의 것으로 만드느냐

독서법은 저마다 다양했지만, 각각의 독서법이 지향하는 목적은 결국 하나였습니다. "어떻게 효과적으로 책의 핵심을 찾아내고 그 핵심을 나의 것으로 만드느냐"였습니다. 뇌신경의 관점에서 말하자면 "어떻게 책을 읽어야 뇌신경연결을 효과적으로 만들 수 있을까"라는 공통된 목적을 가지고 있었습니다.

그러고는 오랜 독서 경험과 독서법 공부로 터득한 독서법을 뇌신경연결의 개념으로 정리할 수 있겠다는 생각을 했습니다. 그렇게 독서법을 정리하고, 독서법 강의를 만들어 다양한 분들께 크랩독서법을 소개하고 있습니다.

크랩독서법은 시간제한을 하고 책을 읽을 것을 권하지만 그저 빨리 읽는 것이 목표가 아닙니다. 책 속의 핵심을 파악하고, 그 핵심을 여러 번 반복해서 나의 뇌신경연결로 빨아들이는 것이 목표입니다. 시간제한은 그 목표에 효율적으로 이르게 합니다.

책 속의 모든 글을 읽는 것이 목표가 아니다

책 속의 모든 글을 읽어야 하는 것은 아니다

책은 글자로 되어 있습니다. 하지만 독서는 글자를 읽는 것이 목표가 아닙니다. 독서는 저자가 말하고자 하는 생각을 얻어내는 것이 목표입니다. 글자에 매몰되지 말아야 합니다. 글자는 저자의 생각을 표현하는 도구일 뿐입니다. 독서는 저자의 생각을 이해하는 것을 목표로 해야 합니다. 저자의 생각을 이해하기 위해, 책 속의 모든 글을 읽어야 하는 것은 아닙니다.

책은 많은 이들을 위한 것입니다. 독자들이 갖고 있는 지식은 양과 질에서 차이가 있기 마련이지요. 책은 다양한 독자들 각각의 기존 지식을 조율하기 위해 기본적인 내용을 설명하고 시작해야 하는 경우도 있습니다. 이야기를 쉽게 풀기 위해 다양한 사례를 들면서 주제를 설명하기도 합니다. 책은 저자의 생각 한 줄에서 시작되지만, 한 줄의 생각을 다양한 각도로 이야기하면서 한 권의 책이 됩니다.

글자는 이러한 저자의 핵심 생각을 표현하는 도구입니다. 그래서 글자 자체에 매몰되면 안 됩니다. 글자에 매몰되면 저자의 생각을 오히려 이해하기 어려워집니다.

저자의 핵심 생각에 가중치를 주어야 한다

책의 핵심 생각, 책의 아이디어 자체에 더 가중치를 주어야 합니다. 글자를 모두 읽어야 한다고 생각하면 안 됩니다. 가중치를 고민해야 합니다. 저자의 생각을 알기 위한 도구로 글자를 바라보아야 합니다.

글자를 모두 읽으면서 읽기 속도를 늦추는 것은 목표와 도구를 혼동하는 것입니다. 모든 글자 하나하나를 읽지 않아도 저자의 생각을 알 수 있습니다.

내가 이미 알고 있는 내용은 과감히 건너뛰어도 됩니다. 저자의 생각 중에 나의 생각과 다른 부분, 내가 모르는 내용에 더 가중치를 주어서 정보를 대해야 합니다. 저자의 모든 말에 똑같은 가중치를 주면 안 됩니다. 저자의 모든 글자에 똑같은 무게감을 주어서는 안 됩니다. 저자의 생각, 지식, 지혜 중에 나와 차이나는 것에 더 큰 가중치, 무게감을 주어야 합니다.

글자 자체보다 나에게 필요한 저자의 생각, 지식, 지혜에 가중치를 주어 읽어나갑니다. 모든 글자를 읽어야 한다는 압박감은 책을 멀리하게 하는 이유가 됩니다. 책의 두께에서 압박감을 느끼면 오히려 읽기를 주저하게 되기도 합니다.

책은 그저 신하입니다. 책 속의 글자 자체를 모두 읽을 필요가 없습니다. 책에서 몇 가지 아이디어를 얻어도 사실 책값은 다한다고 보아야 합니다. 책을 모두 읽어내야 한다는 부담감은 책을 시작하지 못하게 하고 쉽게 끝내지도 못하게 만듭니다.

책을 쉽게 대해야 합니다. 책을 모두 읽지 않아도 된다는 것을 이해해야 합니다. 그래야만 독서량이 늘어납니다.

글자를 모두 읽는다는 거짓 목표를 과감히 버립니다.

책, 읽기 위해
읽지 마라

사람이라면 독서라는 것을 해야 한다고?

책을 의무감에 읽는 경우도 많습니다. 안 읽는 것보다는 낫다고요? 그렇지 않습니다. 의무감이 아닌 호기심을 느끼며 읽어야 합니다. 의무감으로 읽는 책은 부담이 됩니다. 부담이 되는 책읽기는 결국 책을 멀리하게 합니다. 사실 책은 수많은 즐거움을 줍니다. 호기심을 느끼며 읽으면 결국 호기심은 깊어지고 넓어집니다. 다른 이들이 추천하는 책을 읽으려고 애쓰지 않아도 됩니다. 베스트셀러를 읽을 필요도 없습니다. 호기심을 따라 가면 됩니다. 호기심을 느끼며, 그 느낌을 따라 읽어나갈 때 책은 온전한 즐거움이 됩니다.

책은 관심, 호기심, 열정을 따라 읽어야 합니다. 처음에 저는 약간은 의무감으로 책을 읽었습니다. '사람이라면 독서라는 것을 해야 하지 않을까' 하고 말이지요. 나름의 교양을 쌓기 위해 책을 읽기 시작했습니다. 읽은 책이 한 권 두 권 쌓이면서 저는 차츰 호기심을 따라가기 시작했습니다. 남들이 좋다는 책보다, 베스트셀러보다 저의 기준은 호기심을 충족해주는지 여부였습니다. 이렇게 호기심으로 읽은 책을 통해 또 다른 호기심이 이어졌습니다. 호기심이 호기심을 부르고 책은 또 다른 책을 부르는 선순환이 시작되었습니다.

호기심을 쫓아 읽는 책읽기의 힘은 세다

책을 읽는 목적은 저자의 생각을 알기 위한 것입니다. 그러나 그것보다 더 위에 있는 목적이 있습니다. 바로 내 호기심의 충족입니다. 나의 호기심을 위해 책을 고르고, 저자의 이야기를 듣고 이해하며 호기심을 충족시키는 것입니다.

만약 이야기가 나의 호기심을 충족시키지 못한다면 과감히 책을 덮습니다. 읽기 위해 책을 읽을 필요가 없습니다. 나의 호기심을 충족시켜주는 책만을 찾아 읽기에도 시간은 부족합니다.

호기심을 쫓아 읽는 책읽기의 힘은 셉니다. 같은 책이라도 호기심을 쫓아 읽으면 온 뇌신경연결이 책 속의 아이디어를 빨아들이기 위해 촉수를 뻗습니다. 뇌신경연결의 기본 공식은 '자주, 꾸준히, 즐겁게'입니다. '즐겁게'의 의미는 자신의 주도하에 자신이 필요한 내용을 호기심으로 대할 때, 뇌신경연결이 가장 강렬하다는 뜻입니다.

책읽기는 호기심이 기본이 되어야 합니다. 의무보다 즐거움으로 시작해야 더 힘 있게 독서를 이어갈 수 있습니다. 읽다가도 재미가 없다면 책을 덮을 수 있는 자율감이 있어야 합니다. 그런 자율감이 독서를 더 좋아하게 만들고 독서를 평생의 즐거움으로 대하게 합니다.

읽기 위해 읽으면 안 됩니다. 호기심을 찾아 호기심으로 읽고 읽어야 합니다.

내가 책을 읽는 목표가 목표다

목표에 따라 다양한 독서법이 필요하다

책을 읽고 있는 목표가 중요합니다. 읽기 자체가 아닌, 자신의 목표로 책을 읽어야 합니다. 목표를 이루었다면, 도중에 책을 내려놓을 수도 있어야 합니다. 물론 책을 읽는 동안 또 다른 목표가 생기기도 합니다. 무심히 큰 기대를 하지 않고 읽기 시작했지만 책을 읽는 동안 다양한 생각이 날 수 있습니다. 그럼 책을 읽는 목표가 바뀌고 그 바뀐 목표를 충족시킬 때까지 책을 보면 됩니다. 책을 읽기 위해 책을 읽는 우를 범하지 말아야 합니다. 책 자체가 아닌 자신만의 책 읽는 목표를 가져야 합니다.

책을 읽는 목표에 따라 다양한 독서법이 필요합니다.

시나 소설을 읽는 이유는 재미와 즐거움입니다. 단어와 단어가 교묘하게 만나는 행간의 의미, 인물과 인물이 만드는 재미난 구성을 음미하기 위한 독서입니다.

때로는 지식을 얻기 위해 책을 읽기도 합니다. 저는 뇌과학 책이나 다양한 주제의 과학 책들을 봅니다. 그렇게 책을 읽으면 이전에 없던 여러 가지 지식 모듈들로 풍성해집니다.

나를 변화시키기 위한 자기계발 서적도 읽습니다. '왜 변화해야 하는가'에 관한 동기부여를 받고, '어떻게 변화할 수 있을지'에 관한 노하우를 배웁니다.

인용을 위해 책을 읽기도 합니다. 책을 쓰거나 강의를 만들기 위해서 책을 읽을 때에는 다양한 이론과 사례 등의 자료를 수집하며 책을 읽습니다.

때로는 생각하기 위해 책을 읽기도 합니다. 책에서 던지는 화두를 쥐고 깊은 생각에 빠져듭니다. 지식 자체보다 질문을 위한 독서입니다.

다양한 상황에서 다양한 목표로 책을 읽습니다. 상황에 따라 책을 읽는 목표가 달라집니다. 목표에 따라 그에 맞는 독서를 해야 합니다. 책을 읽는 중에 목표가 변하기도 합니다. 생각했던 것보다 얻어낼 것이 많은 책이라면 더 가열차게 읽습니다. 반대로 생각보다 수준이 너무 높거나 낮아서 나에게 큰 가치가 없다면 읽는 것을 그만 둡니다. 그 책은 그저 나에게 가치가 덜할 뿐입니다. 나의 시간과 열정을 쏟아낼 더 가치 있는 책을 찾아 취합니다.

책은 책 자체가 목표가 되어서는 안 됩니다. 책을 읽는 자신만의 목표로 책을 대하고 읽어야 합니다.

목표가 명확하면
요리법 또한 명확해진다

···

내가 지금 이 책을 읽는 이유를 명확히 하라

우리는 각각의 이유로 책을 읽습니다. 재미를 위해 읽을 수도 있고 호기심을 채우기 위해 읽기도 합니다. 강의를 만들기 위해서 읽기도 하며, 업무 때문에 읽기도 합니다. 같은 책이라도 모두 다른 이유로 읽습니다.

책 자체가 목표라는 생각을 멈춥니다. 책을 통해 얻어내려는 나의 목표가 목표입니다. 때로는 발췌해서 읽어야 하기도 합니다. 모든 것을 읽는 것이 아닌 정말 나에게 필요한 한 구절을 읽기 위해, 한 아이디어를 얻기 위한 독서도 가능합니다. 모든 독서의 시작은 나의 필요, 나의 목표에서 시작해야 합니다. 책은 수단이지, 책 자체가 목표가 아님을 머릿속에 떠올립니다. 내가 지금, 이 책을 읽는 이유를 명확히 하면 책을 읽어나가는 작전도 떠오르기 마련입니다.

독서의 목표가 명확하면 책의 요리법 또한 명확해진다

목표를 정하면 다음에는 목표에 맞는 수준으로 깊이를 조절하고, 시간을 계획하고, 읽은 후의 정리 수준이 나오게 됩니다. 모든 책은 나의 목표에서 출발해야 합니다. 같은 책이라도 목적과 목표에 따라 다른 요리법이 나옵니다.

제가 베스트셀러를 추천하지 않는 것도 같은 이유입니다. 세상의 유행을 쫓아가는 것은 나를 위한 행위가 아닙니다. 지금 나의 목표에서 책을 고르고, 읽기를 추천합니다. 책을 통해 얻고자 하는 이유가 명확할수록 책의 요리법 또한 명확해집니다. 요리법을 고르려면 요리를 하는 이유가 명확해야 상황에 맞는 것을 고를 수 있지요.

우리의 무의식은 목표가 명확하면 그 목표에 따라 주변 사항을 재의식합니다. 빨간색 자동차를 사기로 마음먹는 순간, 도로의 빨간색 자동차가 눈에 들어오기 시작합니다. 무의식은 목표를 설정하는 순간부터 목표를 이루기 위한 전략 전술을 설정하기 시작합니다. 책에서 얻을 목표를 명확하게 설정하면 책에서 던지는 것들 중에서 지금의 문제 해결, 목표를 이루기 위한 정보에 무의식은 더 주의합니다.

목표가 만들어지는 순간 호기심이 생기고, 모든 책 속의 작은 지식 단위들이 목표와 연결돼 재해석됩니다. 무의식에 설정된 질문과 목표가 책 속의 지식 단위마다에 스며들어서 재해석, 재구성되고 새롭게 연결됩니다. 목표로 재해석된 책 속 지식 단위는 더 깊게 목표와 연결되고 생명력을 지니게 됩니다.

책은 언제든
불러낼 수 있다

책은 발이 없습니다. 읽다가 잠시 두어도 항상 우리 곁에 있습니다. 책을 읽다가 잠시 다른 일을 해도 됩니다. 놓아둔 그 자리에서 책(신하)은 묵묵히 왕의 다음 선택을 기다립니다. 책을 충직한 신하로 비유한 것도 이러한 이유입니다. 일을 마치고 되돌아와 다시 말을 건네면 책은 자신이 아는 것을 또 말하기 시작합니다.

이렇게 훌륭한 충신이 세상 또 어디에 있을까요? 언제든 불러낼 수 있다는 믿음으로 책을 하대해야 합니다. 읽던 책을 모두 반드시 읽어야 한다는 생각은 오히려 책을 멀리하게 만듭니다.

게임을 아이들이 재미있어 하는 이유는, 부모님이든 선생님이든 누군가가 게임을 억지로 시키지 않는 것도 한 이유입니다. 게임을 하는 동안 아이들은 자율감, 통제감을 느끼기 때문입니다.

자율감과 통제감을 가질 때 우리는 온통 집중할 수 있습니다. 즐겁게 집중할 때 우리 뇌에는 도파민이 가장 많이 분비됩니다. 도파민이 분비될 때 가장 효과적으로 관련 뇌신경들이 서로 연결됩니다. 억지로 떠밀려 무언가를 할 때와 비교할 수 없을 정도로 그 뇌신경연결의 효율성이 올라갑니다.

책에 자율감, 통제감을 가진다는 것

책에도 자율감, 통제감을 가져야 합니다. 책을 숙제처럼 대하면 결국 책이 싫어집니다. 물론 저처럼 '사람이라면 책을 읽어야 한다'는 의무감에 시작할 수도 있습니다. 하지만 의무감은 오래 지속되기 어렵습니다. 처음에는 의무감으로 시작했지만 저는 곧 책에서 호기심과 재미를 찾았습니다. 책에 담긴 세상의 지식과 지혜 속에서 자유로움을 느꼈습니다. 책읽기에 자율감, 통제감을 느껴야 더 오래 읽을 수 있고, 힘 있게 읽을 수 있습니다.

책을 읽다가 중도에 멈출 수도 있습니다. 책은 발이 없습니다. 필요할 때 다시 불러내어 이야기를 계속하게 할 수 있습니다. 책에 끌려 다닐 필요가 없습니다. 책은 우리에게 굉장히 자유로운 물건입니다. 읽다가 그만 두어도 되고 그러다가 기분이 내키면 다시 읽어도 됩니다. 언제 어디서든 책읽기가 가능합니다. 작은 의자에 앉아 몇 시간 동안 시공간을 초월하는 경험을 할 수도 있습니다.

이처럼 책이 자유롭다는 것을 알고 그 자유를 음미해야 합니다. 억지로 하는 독서는 오래, 멀리, 힘 있게 못 갑니다. 재미를 찾아 호기심으로 읽는 독서가 진정 힘 있게 멀리 갑니다. 언제든 책을 불러낼 수 있다는 생각은 우리에게 자율감을 줍니다. 자율감이 책에 가까이 다가갈 수 있게 합니다.

한 권에게
30분만을 허락한다

··

파킨슨 법칙 & 역파킨슨 법칙

파킨슨 법칙은 "어떤 자원이든 주어진 자원이 소진될 때까지 늘어난다"는 법칙을 말합니다. 이 법칙은 영국의 역사학자 파킨슨(Parkinson)이 1955년 한 잡지에 기고한 글에서 유래합니다.

파킨슨은 해군에 복무하면서 겪은 일을 바탕으로 두 가지의 현상을 발견합니다. 즉 당시 공무원 수가 계속 늘어나며 관료화된 거대 조직의 비효율을 관찰한 것입니다.

① 영국의 해외 식민지가 줄어들어도 영국 식민청의 근무자 수

는 계속 늘어난다.

② 관료 조직의 지출은 업무량이 늘어나지 않아도 주어진 예산
이 다 소진될 때까지 증가한다.

우리 생활에서도 이와 비슷한 사례가 있습니다.

① 한 달 후 시험 ⇨ 놀고 놀다가 2~3일 만에 몰아서 준비하기
② 일주일 후 보고서 ⇨ 놀고 놀다가 마감 30분 전에 작성하기
③ 방학 일기 ⇨ 개학 전날 하루 만에 몰아 쓰기

위의 일들은 주어진 자원이 많아서 일어나는 일입니다. 자원을
효과적으로 사용해야 합니다.

역파킨슨 법칙도 있습니다. 오히려 자원을 적게 주는 것입니다.
주어진 자원으로 목적에 맞추어야 하기에 다양한 창의적 전략이
나옵니다. 가장 중요한 것에 우선적으로 자원을 할당합니다. 선택
과 집중이 따릅니다.

시간제한 그리고 30분 읽기 30분 쓰기

책읽기에서도 같은 맥락이 반복됩니다.

책을 읽기 위해서는 시간이라는 자원이 필요합니다. 2주가 주어지면 책은 2주 동안 읽게 됩니다. 하루가 주어지면 하루 동안 읽게 됩니다. 30분이라는 시간이 주어지면 정보를 선택하고 집중하여 30분에 읽습니다. 책 속의 다양한 정보에 강약을 주면서 정말 필요한 정보를 선택하여 시간을 할애합니다. 시간이 한정되어 있기 때문입니다.

자원을 한정적으로 주면 다양한 창의적인 전략이 나오기 시작합니다. 사실 책 한 권에 30분은 쉽지 않은 시간입니다. 하지만 30분 만에 책을 읽는다는 목표 의식은 시간을 밀도 있게 만듭니다. 다른 생각을 할 틈을 주지 않고 당장 주어진 과제에 깊게 몰입하도록 만듭니다.

저는 원고 쓰기에도 비슷한 전략을 쓰고 있습니다. 단 10분 만에 A4 한 장을 채운다는 전략입니다.

만약 30분 만에 책을 보지 못하면 어떨까요? 더 보고 싶은 책이라면 더 보면 됩니다. 5분, 10분 정도를 더 읽으면 됩니다. 그래도 못 읽었거나 더 읽고 싶다면 어떻게 할까요? 10분, 20분 더 읽으면 됩니다.

물론 시간에 제한을 두는 것 자체가 목표는 아닙니다. 한정된 시간에 효과적으로 읽기 위해서입니다. 나에게 필요한 정보를 선택해서 집중하기 위한 방법적 도구로써 시간제한을 취하는 것이지요.

여러분에게 책에 쓸 수 있는 1시간의 시간이 있다면, 30분은 읽기, 30분은 쓰기를 추천합니다. 읽은 책을 바로 발산하는 훈련도 겸할 수 있습니다. 이는 글쓰기 훈련으로도 이어질 수 있습니다.

책,
읽고 잊어도 된다

기억은 적절한 자극이 이어진다면 단기기억을 거쳐 장기기억으로 나아갑니다. 책읽기도 마찬가지입니다. 한 번 읽은 내용을 모두 기억하는 것은 불가능합니다. 읽고 읽고 읽으면 어떤 내용은 단기기억을 거쳐 장기기억으로 변화합니다. 물론 책 속의 모든 내용을 기억하는 것은 거의 불가능합니다. 일부의 기억도 시간의 흐름 속에 다시 흩어져버리는 것이 기억이죠. 기억의 본질은 뇌신경연결 상태입니다. 즉, 뇌신경연결은 반복 자극으로 만들어지고, 계속 이어지는 반복 자극이 없으면, 뇌신경연결(기억)은 서서히 사라져 버립니다.

책은 신하입니다. 신하의 말을 모두 기억할 필요가 없습니다. 좋은 의견을 가진 신하가 누구인지 정도만 파악해도 충분합니다. 각 분야의 고급 정보를 지닌 신하가 누군지를 파악하고 있다가 관련 분야에 대한 의견이 필요할 때 호출하면 됩니다.

인생 후반전은 오픈 북입니다. 학생 때에는 암기해서 이를 테스트하는 시험을 거칩니다. 하지만 사회에 나와서는 상황과 문제에 대한 해결이 문제입니다. 책을 옆에 놓고 보아도 됩니다. 컴퓨터를 켜서 검색해도 됩니다. 문제 해결을 위한 모든 것이 허용됩니다. 암기하고 있을 필요가 없습니다. 필요할 때마다 불러내어 적절하게 써먹으면 됩니다.

인간은 망각의 동물입니다. 모든 것을 기억할 수 없습니다. 저는 제가 이전에 쓴 글도 잊어버립니다. '언제 이런 글을 썼지?' 하곤 합니다. 그냥 사람이 그렇습니다. 머릿속 기억은 시간이 지나면 그 연결이 서서히 사그라지기 때문입니다. 모든 것을 기억하면 편할 것 같지만 사실은 그렇지 않습니다. 온갖 것을 기억하고 있는 머릿속은 곧 쓰레기장이 됩니다. 간략하게 꼭 필요한 물건이 깔끔하게 정리되어 있어야 효율적으로 생활할 수 있습니다.

유용한 정보가 어디에 있는가, 책을 읽는 이유

기억은 사라지지만 신하(책)는 충직합니다. 좋은 의견을 가진 사람을 기억하듯 좋은 책을 기억해두었다가 언제든 곁으로 불러내면 됩니다. 사람은 매번 만날 때 돈이 들지만 한 번 산 책은 그렇지 않습니다. 계속 귀중한 이야기를 반복해줍니다.

책은 암기하기 위해 읽는 것이 아닙니다. 소중한 정보가 어딘가에 있다는 것과 그 정보를 어딘가에서 얻을 수 있다는 정도만 알고 있으면 충분합니다. 유용한 정보가 있다는 것을, 그 정보가 어디에 있는지를 알아내기 위해서 책을 읽는 것입니다.

목표를 향해 움직이는 뇌
그리고 독서

목표를 향해 움직이는 뇌

우리의 뇌는 목표를 향해 자동적으로 움직입니다. 무의식적 작용이기에 그 구체적인 작동 방식은 알기 어렵습니다.

테이블 위에 있는 컵을 쥐려 하면(목표) 손을 뻗칩니다. 그리고는 손가락에 적당하게 힘을 주어 컵을 손에 잡습니다.

목표가 만들어지면 뇌는 목표를 향해 자동 세팅을 만들어냅니다. 손을 어떤 각도로, 어떤 힘으로, 어떤 모양으로 잡을지를 구체적으로 따지지 않지만, 너무도 쉽게 자연스럽게 테이블 위의 컵을 쥘 수 있습니다. 목표가 무의식적인 뇌 활동을 이끌어서 자동

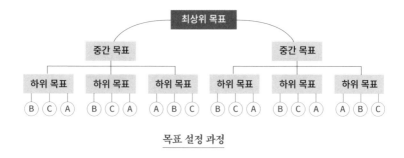

목표 설정 과정

으로 계산하기 때문입니다.

목표는 순간순간 다시 생기기도 합니다. 상위 목표를 이루기 위한 하위 목표가 지금 이 순간에는 최고 목표가 되기도 합니다. 순간적으로 목표 레벨을 다시 정의하고 주어진 상황에 적합한 자동 세팅을 만들어냅니다.

뇌의 최고사령관 전전두엽이 손상되면
어떤 일이 벌어질까요

목표를 설정하는 역할은 우리 뇌의 최고사령관이 합니다.

전두엽, 그중에서도 전두엽의 앞에 있다 하여 전전두엽이라 불리는 곳에서 이 작업을 합니다. 그러니까 전전두엽이 뇌의 최고사령관입니다. 전전두엽은 '목표를 설정하고, 동기를 부여하고,

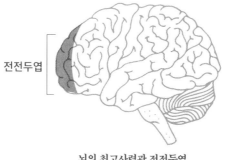

뇌의 최고사령관 전전두엽

계획을 세우고, 때로는 충동을 억제하는 역할'을 합니다.

만약 전전두엽이 손상되면 어떤 일이 일어날까요?

전전두엽이 손상된 환자라도 말하기, 기억력 등에 문제가 생기지는 않습니다. 지능검사를 하면 거의 정상 수준으로 나옵니다. 그런데도 그들의 삶은 산산이 부서집니다. 왜 그럴까요?

생활의 우선순위, 가치순위가 망가지고, 목표를 구조화하지 못하여 생활이 뒤죽박죽되고 모래알처럼 바스러집니다. 전전두엽이 손상된 뇌는 목표의 가치를 판단하지 못하고 상위 목표와 하위 목표를 구분하지 못합니다.

전도양양했던 회계사 엘리엇은 전전두엽 제거 수술을 합니다. 전전두엽에 뇌종양이 발생했기 때문입니다. 이후 그의 삶은 순간순간 결정장애로 산산이 부서집니다.

가족과 식사를 하기 위해 식당을 예약하려 합니다. 그는 식당의 메뉴, 청결도, 친절도, 집과의 거리 등 세세한 부분까지 미리 알아봅니다. 그것도 부족하여 식당마다 찾아가서 직접 확인합니다. 그런데 그는 결국 식당을 결정하지 못합니다.

　식당을 결정하기 위한 여러 결정 요소의 우선순위가 뒤엉켜버렸기 때문입니다. 그는 가족과의 단란한 시간과 식당의 작은 세부 결정 사항을 서로 같은 가치로 느낍니다.

　그는 파란색 펜을 쓸지, 빨간색 펜을 쓸지, 어느 곳에 주차를 할지, 서류 정리함을 파란색을 쓸지, 노란색을 쓸지 등 인생의 먼지만큼 사소한 결정에 온갖 정성을 쏟아냅니다. 10분이면 될 일이 7시간 넘게 이어집니다.

　결국 그의 인생은 내리막을 걷게 됩니다. 직장에서 쫓겨나고, 이혼하고, 사업은 실패를 거듭합니다. 하지만 엘리엇 본인은 크게 괴로워하지도 않습니다. 그에게는 그의 삶 자체가 깃털만큼 사소하게 느껴지기 때문입니다.

　그의 뇌에 과연 무슨 일이 있었던 걸까요? 그의 뇌는 전두엽 중에서도 안와(眼窩)전두엽이라 불리는 부위가 손상되었습니다. 안와전두엽은 우리 눈의 위쪽에 있는 전전두엽의 한 부위로, 감정과 연결되어 있는 부위입니다. 제거 수술로 감정에서 보내는 표식이 사라지면서 인간 본연의 가치판단이 손상된 것이죠. 감정이 가치를 부여해야 목표를 정하고, 그 목표를 위해 과정을 변경하고, 유연하게 상황에 대처할 수 있습니다. 그런데 수술로 감정과 연결된 부분이 제거되자 가치의 우선순위가 사라져버린 것입니다.

전전두엽은 동기를 부여하고, 계획을 세우고, 충동을 억제하여 목표를 향한 여정을 총괄합니다. 이 과정은 무의식적 수준으로 작동하며, 목표를 향해서 뇌 활동이 자동 발화합니다.

사자에게 쫓기는 얼룩말은 그저 도망가는 것에 집중합니다. 오른발 왼발을 따지지 않습니다. 발목의 최적 각도를 고민하며 뛰지도 않습니다. 생존으로 설정된 목표가 오른발과 왼발을 최대한 빠르게 움직이도록 이끌어냅니다.

책읽기에도 목표가 필요합니다

책을 읽을 때에도 목표가 중요합니다.

'왜, 이 책을 읽는가'에 따라 같은 책도 독서법이 달라집니다. 즐거움을 목표로 한다면 지적 쾌감, 호기심의 충족을 목표로 합니다. 목표에 따라 발췌하여 책을 읽어야 하는 경우도 있습니다. 때로는 큰 줄거리만을 뽑기 위해 읽을 필요도 있습니다.

목표가 정해지면 목표와 관련한 주변 사항을 무의식이 끌어오기 시작합니다. 목표에 의해 무의식이 활성화되기 때문입니다. 목표를 설정하면 뇌가 목표를 향해 가장 효율적으로 움직입니다. 동기를 찾고, 계획을 찾고, 충동을 억제하며 목표를 향한 최적 모드로 뇌가 설정됩니다.

이렇게 목표에 따라 책을 읽다 보면 기존의 목표가 다시 설정되기도 합니다. 단순한 정보 파악을 위해 책을 읽기 시작했는데, 책 내용에 푹 빠져서 책을 읽는 행위 자체가 목표가 되기도 합니다. 책을 읽는 동안에 몰입이 일어난 것입니다. 목표는 진행 과정에서 순간순간 다시 설정되어 목표와 과정이 재설정되기도 합니다.

책은 목표를 가지고 있어야 합니다. 목표를 가지고 책에 몰입할 때 가장 효과적인 뇌신경 모듈이 만들어집니다.

4장

책, 20퍼센트를 읽고 내용 80퍼센트를 얻다

대충 읽으며 큰 구조를 먼저 살핀 후에

반복해서 읽으면 뇌신경연결의 구조가 서서히 진하게 그려집니다.

먼저 주요 내용의 큰 가지를 연결하고

이후 세부 가지에 대한 것은

몇 차례 반복 읽기를 통해 이해하는 것이 순서입니다.

이것이 크랩독서법입니다.

정보마다
가치가 다르다

책은 정보 및 지혜 등을 우리에게 건네줍니다. 책은 많은 지식 모듈(정보)로 이루어집니다. 하지만 모든 정보가 같은 가치를 가진 것은 아닙니다. 지식 모듈은 다양한 가치를 가집니다. 예를 들면

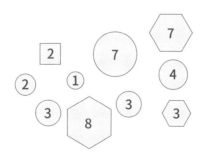

책 속 지식 모듈은 서로 가치가 다르다.(숫자는 중요도)

책 안에 지식 모듈 열 개가 있다면, 이들 지식 모듈은 모두 다른 정도의 가치를 가집니다.

정보는 중요도와 신선도의 합으로 가치를 환산할 수 있습니다. 중요도는 '지금의 상황에서 얼마나 도움이 되는가', 신선도는 '자신이 알고 있는가, 최근 상황을 업데이트한 것인가' 등으로 판단할 수 있습니다.

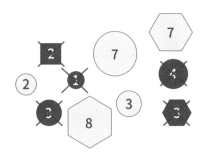

시간의 가치보다 덜한 지식 모듈(X표 한 지식 모듈)을 제외한다.

모든 지식은 각자의 상황에 따라 중요도와 신선도가 다릅니다. 이중에서 가장 중요하고, 신선한 것을 핵심 약점으로 잡습니다. 모든 모듈을 한 번에 흡수할 수는 없습니다. 욕심입니다. 가장 중요하고 시급한 약점 모듈을 목표로 잡습니다. 책에서는 가장 중요하고 시급한 내용, 즉 핵심 내용 파악을 목표로 하는 것이지요.

책에 있는 지식 모듈 가운데 가치 있는 것과 가치 없는 것을 구분해야 합니다. 책 속 지식 모듈 모두가 똑같이 중요하거나 시급한 것은 아니니까요. 책 속의 지식 모듈을 얻기 위하여 우리는 시간이라는 가치를 내준다는 것을 잊으면 안 됩니다. 지식 모듈을 얻기 위한 시간의 가치를 고민하고, 시간의 가치보다 더 중요한 무언가를 남겨야 합니다.

모든 지식 모듈을 공평하게 대하지 말아야 합니다. 나의 상황에 맞는 가치를 찾아내고, 그 가치의 비중에 맞게 시간을 내주어야 합니다. 왕은 더 시급하고 더 중요한 일을 해야 합니다. 가치가 없는 모듈을 버리고 더 가치 있는 모듈을 취하도록 시스템을 만들어야 합니다.

처음부터 끝까지
모두 읽지 마라

쉽게 시작하고 쉽게 끝낼 수 있다는 마음

책을 앞에서부터 끝까지 모두 읽어야 한다는 생각을 멈추어야 합니다. 재미있지도 않고, 호기심도 떨어진 책을 의무감으로 읽어 나가는 것은 피해야 합니다. 자신의 시간을 소중히 해야 합니다.

'책을 쉽게 시작하고 쉽게 끝낼 수 있다'는 마음이 중요합니다. 책이 의무와 부담이 되는 순간 책을 멀리하게 됩니다. 호기심을 최우선으로 하여, 책에서 내가 필요한 것을 얻는다는 가벼운 생각으로 책을 봅니다. 책을 가볍게 대하는 마음은 책과 친해지는 가장 중요한 요소입니다.

책을 잡지와 신문 보듯 해야 합니다. 취할 것은 취하고 버릴 것은 버려도 된다고 생각해야 합니다. 매일 신문을 앞에서부터 뒤까지 모두 정독한다고 생각해보세요. 매일 숙제 같은 신문 읽기는 스트레스가 될 것입니다. 마치 신문을 옆에 두고 오늘의 기삿거리를 찾듯, 책도 우리의 호기심 거리를 채우는 용도로 사용해야 합니다.

그러니 책에 나오는 모든 지식 모듈을 다 보려고, 다 외우려고, 다 이해하려고 하지 않아도 됩니다. 자신에게 가치 없는 것은 볼 필요가 없습니다. 또 일부러 외우려고 할 필요도 없습니다. 나중에 필요할 때 다시 찾아볼 수 있으면 그것으로 충분합니다.

책 내용이 쉽지 않다면 이해가 어렵겠죠. 책의 수준이 맞지 않아서이니 일단 덮어두세요. 그래도 꼭 봐야 하는 책이라면 반복해서 봐야 합니다. 그러다 보면 이해하는 순간이 올 것입니다. 잊지 말아야 할 것은 '스트레스가 아닌 호기심과 재미를 찾아 책 속 여정을 떠나야 한다'입니다.

책 속에는 보물들이 가득합니다. 먼지를 잔뜩 머금고 잘 닦아주기만을 기다리고 있습니다. 하지만 보물마다 가치가 다 제각각입니다. 모든 보물을 다 취하기에는 우리에게 주어진 시간이 한정되어 있습니다. 그러니 시간을 투자할 만큼의 진짜 보물인지를 저울질해야 합니다. 소중한 것들 중에서 더 소중한 것을 찾아내야 합니다.

책은 처음부터 끝까지 모두 읽을 필요가 없습니다. 아니 모두 읽으려 해서는 안 됩니다. 핵심 가치를 찾고 내 목적에 맞는 가치를 찾아 뇌신경연결 조합을 만들어내면 됩니다. 이전에 알지 못했던 나의 약점 뇌신경연결 모듈을 만들었다면 책의 역할은 완성된 것입니다.

대충
읽어라

꼼꼼히 한 번보다 대충 여러 번

책은 대충대충 읽어야 합니다. 꼼꼼히 한 번 보는 것보다 대충 여러 번 보는 편이 효율적입니다. 꼼꼼함을 위해 너무 많은 시간을 할애하면 책을 읽는 데 2주나 3주, 혹은 한 달이 걸리기도 합니다. 다 읽었다고 좋아하는 순간, 3주 전에 읽은 앞의 내용이 가물거립니다. 뇌신경연결은 한 번에 생기지 않습니다. 여러 번 반복해야 생깁니다. 한 번 읽은 책 내용은 그저 휘발되는 것입니다. 하지만 대충이라도 여러 번 읽은 책은 서서히 중심 내용과 주변 내용을 이해하게 됩니다. 책의 구조가 점점 명확하게 만들어집니다. 그럼 대충 읽는다는 것은 어떤 의미일까요?

대충 읽으면서 책의 전체 구조를 먼저 파악한다

대충 읽으면서 책의 전체 구조를 파악합니다. 건축으로 이야기하자면 건물의 뼈대를 먼저 파악하는 것이죠. 책의 큰 골격을 먼저 파악한 후에 몇 차례 반복해서 읽으면서 세세한 내용을 알아내는 것입니다. 이는 그림을 그릴 때 처음부터 모든 세세한 사항을 그려나가지 않는 것과 같습니다. 큰 구조를 먼저 스케치하고 점차 세부를 그려갑니다.

대충 읽으며 큰 구조를 먼저 살핀 후에 반복해서 읽으면 뇌신경연결의 구조가 서서히 진하게 그려집니다. 먼저 주요 내용의 큰 가지를 연결하고 이후 세부 가지에 대한 것은 몇 차례 반복 읽기를 통해 이해하는 것이 순서입니다. 이것이 크랩독서법입니다.

큰 구조를 먼저 잡고 가야 헤매지 않습니다. 큰 그림을 그리며 먼저 갈 길을 전체적으로 살펴보는 것이지요. 그러고는 세세한 지도로 넘어갑니다. 처음에는 큰 그림을 보면서 대략적인 길을 따라가 보는 것이 중요합니다. 얼마나 걸릴지, 어떤 방향으로 가야 할지 등 대략의 윤곽을 잡고 갈 때 헤매지 않고 내가 필요한 뇌신경연결로 나아갈 수 있습니다.

대충 읽기는 큰 대략의 설계와 구조를 여러 번 익힌다는 의미이기도 합니다. 여러 번 나누어서 큰 그림을 파악합니다. 몇 번 대충 읽기를 하면서 큰 그림을 그리고 핵심 지식, 핵심 저자의 생각, 주요 흐름을 파악해나갑니다. 마치 잡지와 신문을 읽을 때 큰 제목 위주로 큰 구조를 먼저 보듯이 슬슬 넘기며 읽어갑니다.

지엽적인 것을 자세히 보는 것은 큰 구조를 살핀 후의 일입니다. 처음 읽을 때 완벽하려고 욕심 부리지 않습니다. 완벽이 아닌 큰 흐름만 파악한다는 소박한 생각을 품습니다. 완벽하게 읽으려는 욕심은 결국 책에서 멀어지는 요인이 되기도 합니다. 책에서 단 한 개의 문장, 단 한 개의 단어를 찾는다는 소박한 생각이 책을 더 가깝게 만듭니다.

대충이라는 말에는 몇 가지 소중한 의미가 있습니다. 대충이라는 말은 가볍게 시작하게 만들고, 너그러운 마음을 만듭니다. 완벽주의에 빠져 한 발자국도 옮기는 것이 어려운 이들일수록 반드시 되뇌어야 할 단어입니다.

부분으로
전체를 보다

"모두를 위한 하나, 하나를 위한 모두"

소설《삼총사》속 삼총사들의 구호입니다. 책은 조그만 단위로 되어 있습니다. 하지만 이 모든 작은 단위는 방향성이 있습니다. 이 작은 단위는 책의 전체를 뚫고 있는 주제를 향하고 있습니다. 즉 하나하나의 단위지만 유기적으로 연결되며 큰 흐름의 한 부분으로 존재하는 것이지요. 마치 각각의 기사가 없이는 삼총사라는 조직이 만들어지지 않듯이, 작은 단위가 없다면 책의 전체 구조는 흔들리게 됩니다.

저자는 책의 주제를 정하고 이후 주제를 뒷받침하기 위해 구조를 작게 나눕니다. 작은 단위 하나하나는 큰 주제를 향하여 정렬합니다. 아무리 좋은 주제라도 큰 주제와 연결되지 않는다면 생명력이 없습니다. 크든 작든 지금의 책 속 주제와 한 호흡 안에 있어야 합니다. 책을 쓸 때는 큰 주제를 중심으로 작은 주제들이 헤쳐모입니다. 하지만 읽기에서는 이를 거꾸로 작업해야 하기도 합니다.

작은 주제를 살피고, 작은 주제들끼리의 연결성을 살핍니다. 이어서 전체 개요를 살피면서 이러한 연결성을 바라보면 전체상이 떠오릅니다. 또다시 작은 주제를 하나하나 더 자세히 살핍니다. 작은 주제의 전체 구조 속 포지션을 알고 내용을 다시 살펴봅니다. 이때 작은 부분은 큰 전체를 보여주는 키가 되어 작용합니다. 작은 단위 하나하나가 전체 그림을 재구성할 수 있게 돕습니다.

스위스 치즈 기법이라는 것이 있습니다. 큰 미션을 끝내는 방법에 대한 것입니다. 큰 딱딱한 치즈를 먹는 방법은 조금씩 여러 방향에서 구멍을 내면서 먹는 것입니다. 부분적으로 여러 번 갉아먹다 보면 큰 딱딱한 치즈는 결국 없어집니다. 책도 작은 부분을 조금씩 찾아 먹다보면 책에서 말하는 전체 구조가 어느덧 보이게 됩니다. 작은 부분을 읽고 있다고 불안해할 필요는 없습니다. 치즈를 요리조리 다양한 방향으로 조금씩 구멍을 내면서 먹으면 됩니다. 아무리 양이 많고, 견고한 치즈 덩이도 결국 사라지게 됩니다.

일은 톱다운(top-down)으로 진행되기도 합니다. 책을 쓸 때처럼 주제, 차례, 소주제, 집필, 퇴고 형식으로 큰 그림에서 작은 그림의 순서로 진행하는 것을 말합니다. 거꾸로 보텀업((bottom-up)으로 진행해야 하기도 합니다. 책 읽기는 톱다운 및 보텀업 방식 모두 가능합니다. 제목, 차례, 프롤로그, 소제목 등으로 톱다운으로 진행하기도 하며, 작은 문구 하나하나를 모아서 전체로 나아가는 보텀업으로 진행할 수도 있습니다. 이러한 전략이 모두 가능한 이유는 책 속 작은 단위는 '하나를 위한 모두, 모두를 위한 하나'로 연결되어 있기 때문입니다.

작은 단위를 잘 모으면 큰 전체 그림의 중요 부분으로 작용합니다. 독서는 부분으로 전체를 봅니다. 또 전체를 보면서 작은 단위의 연결성을 보기도 합니다.

반복해서
읽어라

∙∙

책을 읽는 이유는 뇌신경연결(지식 모듈)을 만들기 위함입니다. 즉 지식이라는 것도 결국 머릿속 뇌신경연결 모음의 모습으로 뇌에 새겨집니다. 뇌신경연결을 만들기 위하여 가장 중요한 것은 반복입니다. 반복 자극되어야 뇌신경연결이 만들어지고, 기존 뇌신경연결은 확장하고 단단해집니다. 우리가 책을 읽을 때도 똑같습니다. 뇌신경연결을 만들려면 반복해서 지식을 자극해야 합니다. 에빙하우스(Ebbinghaus)의 망각곡선에서 확인할 수 있듯이 반복 (자극)은 기억할 확률을 높게 만듭니다.

대충, 선택, 집중은 반복 양을 쌓기 위한 작전

그리고 반복은 집중 반복이어야 합니다. 주어진 시간에 집중해야 뇌신경연결을 더 많이 만들 수 있습니다. 그 집중 자극의 비율은 상황마다 다릅니다. 하지만 한 실험 결과를 의미 있게 주목할 필요가 있습니다. 에릭 캔델은 바다달팽이를 이용하여 뇌신경연결의 원리를 밝힌 공로로 노벨생리의학상을 받은 과학자입니다. 그는 뇌신경연결을 위해서는 2시간 동안 5~6회 정도의 주기적 자극이 필요하다고 말합니다. 약 15분 간격으로 5~6회 정도로 자극을 주면 세포와 세포가 서로 연결되는 상태가 된다는 거죠.

책을 읽을 때에도 같은 일이 우리 뇌에 벌어집니다. 하지만 책을 15분에 모두 읽는 것은 불가능할 것입니다. 15분 정도마다 반복해야 하지만 책은 그렇게 하기 어렵습니다.

자, 이 두 가지를 충족하는 방법이 무엇일까요? 책을 집중 반복해서 읽을 수 있는 방법이 있을까요?

그래서 앞에서 두 가지 이야기를 한 것입니다.

첫 번째로 지식 모듈을 모두 얻으려고 하지 않아야 한다고 말했습니다. 중요한 지식 모듈만을 얻어가는 것을 목표로 대충 읽어야 합니다.

두 번째로 가치순위를 두고 선택하여 중요 지식을 집중 반복해야 한다고 말했습니다.

즉 대충 그리고 선택과 집중은 사실 반복 양을 쌓기 위한 작전입니다. 크랩독서법의 핵심 작전이지요. 집중해서 반복할 때 뇌 신경연결이 만들어집니다. 모든 것에 집중하지 않기 위하여 대충 읽으면서 선택하는 것이지요.

책을 한 번 읽고 끝내어서는 안 됩니다. 읽고 다시 읽습니다. 그리고 나중에 꺼내서 또 읽고 읽습니다. 저는 중요한 책은 열 번, 스무 번도 읽고 또 읽습니다. 사실 그러한 책을 찾아내기 위해 대부분의 책들을 대충 읽고 넘어가야 하는 것이지요.

반복해서 읽을 가치가 있는 책을 찾아내기 위해 대충 읽으며 책을 버리면서 가는 것이기도 합니다. 그리고 가치 있는 책을 만나면 대충 읽고, 읽고, 읽고 또 읽습니다. 서서히 그 안의 지식 모듈을 내 머릿속으로 흡수해나갑니다. 그 안에 있는 가치 있는 지식 모듈을 모두 찾아낼 때까지, 머릿속 뇌신경연결로 만들 때까지 호기심을 충족시킵니다.

크랩독서법은 제한된 시간에 반복 양을 집중하는 전략

반복 읽기는 크랩독서법의 핵심입니다. 반드시 여러 번 읽으면서 지식의 뇌신경연결을 만들어야 합니다. 반복 읽기를 위해 대충 읽고, 완벽하게 읽지 않는 것입니다. 반복은 뇌신경연결을 위한 가장 중요한 요소이기 때문입니다. 그리고 또 하나 덧붙일 것은 집중 반복입니다. 제한된 시간에 반복 양을 집중할 수 있도록 작전을 짜야 하지요.

크랩독서법은 제한된 시간에 반복 양을 집중할 수 있는 전략을 갖고 있습니다. 크랩독서법은 주어진 시간 최고의 뇌신경연결을 만들어내는 최적화 책읽기 전략입니다.

뼈대를 세우고
살을 붙여나간다

한 호흡으로 한 권을 읽는 것을 추천합니다

시간을 명확하게 정하고 읽습니다. 주어진 시간 동안 책을 한 권 모두 읽는다는 생각으로 읽습니다.

책은 사실은 한 가지 주제로 되어 있습니다. 한 가지 생각을 풀어내기 위해 다양한 예시와 몇 가지 소주제로 나누어서 풀어내는 것입니다. 그래서 한 호흡으로 한 권을 읽는 것을 추천합니다.

저자가 말하고자 하는 내용을 요약하면 사실 몇 줄 되지 않습니다. 책을 읽을 때는 한 권의 내용이 떠오를 수 있도록 하면 좋습니다. 이를 위해서는 머릿속에 한 권의 내용이 단기기억을 넘어

장기기억으로 저장될 수 있도록 집중해서 읽는 것이 좋습니다.

　만약 책을 2주 동안 읽는다면 어떨까요? 전에 제가 2주에 한 권 정도를 읽을 때를 기억해보면 다음과 같은 현상이 벌어지더군요. 책의 앞부분을 읽습니다. 그리고 책의 뒷부분을 읽습니다. 약 1주일 전 읽었던 책의 앞부분은 가물가물합니다. 기억의 반감기에 책의 앞부분은 지워진 것입니다. 책의 앞부분을 또 읽습니다.

　책의 전체 큰 줄기를 단기기억으로 잡을 수 있다면 책의 뒷부분을 읽을 때도 많은 도움이 됩니다. 책은 한 호흡으로 유기적으로 연결되어 있기 때문입니다. 2주보다 한 시간 또는 30분이 오히려 책 전체를 이해하기에 좋습니다. 이것이 제가 30분의 시간 제한을 제안하는 이유입니다.

　물론 물리적으로 30분 안에 책을 읽기는 쉽지 않습니다. 그래서 책의 중심 내용을 찾고 그 안에서 잔가지를 과감히 쳐낼 필요가 있습니다. 나에게 필요한 것은 선택하여 집중하고 필요 없는 것은 버리는 것이지요.

　기억의 반감기는 뇌신경연결의 기본 메커니즘입니다. ‘에빙하우스의 망각곡선’에 따르면 처음 100을 암기하였다면 20분 만에 약 50이 사라집니다.

뼈대 세우고 살을 붙여나가기

이는 머릿속 기억의 기본 설계입니다. 기억의 반감기를 이해하고, 중요 내용에 집중하고 반복하여 뼈대를 명확하게 세우고, 뼈대를 중심으로 살을 붙여나가는 것이 좋습니다. 전체 골격이 명확하게 서 있으려면 골격을 반복 자극해야 합니다. 골격을 반복 자극하면 책의 전체 구조가 명확하게 머릿속에 구조화됩니다. 그리고 골격, 구조를 중심으로 서서히 살을 입혀나갈 수 있습니다.

이러한 구조는 지금 제가 책을 쓸 때와 같은 모습입니다.

이야기하려는 중심 내용을 잡습니다. 그리고 이 중심 내용을 뒷받침할 작은 단위를 만듭니다. 즉 차례를 구성합니다. 차례는 골격, 구조와 같은 말입니다. 그리고 골격을 중심으로 글을 하나씩 작성합니다. 차례를 만들고 차례의 한 꼭지, 한 꼭지를 채우는 것이 책을 쓰는 과정입니다. 책 읽기도 이와 비슷합니다. 먼저 차례 등을 살피며 저자의 중심 생각과 책의 구조를 잡아냅니다. 이렇게 책의 전체 구조가 잡히면 이를 중심으로 저자가 말하고자 하는 부가 내용을 조금씩 더 첨가합니다.

이를 위해서 시간을 제한하고 집중 반복 읽기를 해야 합니다. 책을 읽을 때 시간에 제한을 두고 읽으면 뇌는 기억의 반감기를 넘지 않도록 해줍니다. 이렇게 하면 단기기억에서 장기기억으로 넘어가기 위해 집중자극을 줄 수 있게 됩니다.

먼저 책의 구조, 차례, 뼈대를 반복 자극하여 단기기억에서 장기기억으로 만듭니다. 책의 지도가 머릿속에 펼쳐집니다.

크랩독서법이 말하는
잘못된 독서법 예시

1. 속발음으로 읽는다

속으로 발음을 하면서 읽으면 속도를 내기 어렵습니다.

〈시각영역 ⇨ 이해영역 ⇨ 표현영역 ⇨ 듣기영역(내적으로 듣기) ⇨ 이해영역〉은 속발음을 하며 읽을 때의 뇌 속 과정입니다. 읽고 바로 이해(시각영역 ⇨ 이해영역)할 때보다 3단계를 더 거쳐야 하니 비효율적일 수밖에 없습니다. 미묘하지만 내적으로 속발음을 하고 있지는 않은지 확인해야 합니다.

2. 첫 장에서 마지막 장까지 순서대로 읽는다

책은 기승전결이 있습니다. 하지만 독자는 이를 꼭 따를 필요가 없습니다. 자신만의 책 읽는 이유에 따라 읽는 순서는 어떻게 든 바꿀 수 있습니다. 앞 장부터 순서대로 읽어나갈 필요가 없습니다. 차례에서 궁금한 것을 바로 찾아가 읽을 수도 있고, 호기심이 있는 몇몇 챕터를 먼저 읽을 수도 있습니다. 대충 읽기를 하면서 책을 읽는 순서를 자유롭게 정해가면 됩니다. 그 자유를 느끼는 순간 독서가 편하고 가벼워집니다.

3. 한 번만 읽는다

독서는 저자의 생각을 얻는 일입니다. 저자의 지식 모듈과 지혜 모듈을 얻어내는 작업입니다. 하지만 단 한 번만 읽는다면 자신의 것으로, 뇌신경연결로 만들기 어렵습니다. 책을 한 번 읽고 내 것으로 만들기는 어렵습니다. 뇌신경연결을 만들려면 반복 자극을 해주어야 합니다. 읽고, 읽고, 읽어서 저자의 지식과 지혜를 빨아들여야 합니다. 물론 좋지 않은 책, 나에게 맞지 않는 책까지 그럴 필요는 없습니다. 그러나 좋은 책이라면 한 번 읽고 말아서는 안 됩니다. 반복해서 읽고, 읽어야 합니다.

4. 모두 읽으려 한다

책 속의 모든 글자를 읽으려 해서는 안 됩니다. 나에게 필요하지 않은 부분까지 읽을 필요가 없습니다. 나에게 필요한 지식과 지혜를 찾아 읽고, 필요하다면 여러 번 반복해야 합니다. 나에게 필요한 지식과 지혜를 더 반복하려면 필요 없는 부분은 과감히 넘겨야 합니다. 시간은 한정되어 있습니다. 나에게 필요한 한 줄을 찾아 반복해야 합니다. 단 한 줄이라도 나에게 필요한 한 줄을 찾았다면 가치는 충분합니다. 모두 읽으려 하지 않습니다. 작은 지식 모듈 중에 나에게 필요한 보물찾기로 책을 대합니다.

5. 빨리만 읽는다

책을 읽는 목적은 빨리 읽는 것이 아닙니다. 저자의 지식과 지혜를 내 것으로 만드는 것이 목표입니다. 책을 아무리 빨리 많이 읽어도 나의 머릿속에 뇌신경을 연결하지 못하면 의미가 없습니다. 빨리 읽는 이유는 보물들이 책의 어디에 어떻게 배치되어 있는지를 파악하기 위해서입니다. 빨리 대충 읽으면서 책의 주요 흐름과 보물들이 어디에 있는지를 살펴보는 것이지요. '빨리 읽기'는 지도를 갖는 것과 같다고 할 수 있습니다. 지도는 보물을 찾기 위한 것입니다. 보물을 찾는 것이 중요합니다. 지도 파악은 보물찾기를 위한 수단입니다.

6. 시간에 제한을 두지 않는다

시간을 항상 한정된 자원으로 대해야 합니다. 시간을 제한하면 보물찾기에 활력을 줍니다. '한 시간 안에 보물을 찾는다'는 생각은 보물찾기에 긴박감을 줍니다. 한 시간이라는 시간제한은 같은 시간에 더 많은 보물을 찾을 수 있도록 돕습니다. 자원은 항상 제한적입니다. 제한을 할 때 더 값지게 사용할 수 있습니다.

7. 글자를 하나하나 읽는다

책을 읽는다는 것은 글자를 읽는 것이 목표가 아닙니다. 글자가 만들어내는 저자의 생각 모듈을 얻어내는 일입니다. 글자 하나하나를 모두 읽을 필요가 없습니다. 알고 있는 것은 건너뛰고 읽어도 됩니다. 이해 안 가는 부분은 건너뛰어도 됩니다. 글자 자체는 목표가 아닙니다. 저자의 생각을 얻어내기 위해 독서를 해야 합니다.

8. 목표 없이 읽는다

한 권의 책을 읽을 때에 내가 원하는 목표를 명확히 해야 합니다. 때로는 재미로 읽을 때도 있습니다. 때로는 책을 쓰기 위해 읽을 때도 있습니다. 때로는 지혜를, 때로는 지식을, 때로는 글감을 찾기 위해 읽기도 합니다. 한 권의 책을 볼 때에도 각각의 목표에 따라 다양한 읽기가 가능합니다. 목표가 명확해야 독서 방법이 명확해집니다.

9. 저자의 말을 100퍼센트 믿는다

저자는 자신이 공부하고, 경험한 것을 쓸 수밖에 없습니다. 분명 한계가 있습니다. 또 저자의 말에는 모순도 있고, 틀린 말도 있습니다. 물론 책이 다루고 있는 분야에서 더 경험하고 더 공부하였기에 그렇지 않은 이들보다 더 신뢰할 만한 것은 사실이겠지요. 하지만 틀릴 가능성도 있다는 것을 생각할 수 있어야 합니다. 나의 생각, 공부로 저자를 넘어설 수도 있다고 생각할 수 있어야 합니다.

11. 생각하며 읽지 않는다

책을 제대로 이해하는 것이 중요합니다. 나에게 필요한 지식을 만나면 한 문장이라도 확실하게 뇌신경연결을 만드는 것이 중요합니다. 귀중한 한 문장을 깊게 생각하면 그 문장에서 파생되는 주변 것들을 다양하게 알 수 있습니다. 생각해서 이해하면 문장 이면에 있는 깊은 뜻도 헤아리게 됩니다. 더 깊게 이해하므로 적용은 더 넓어지고, 한계는 명확해집니다.

12. 책에 표시하지 않는다

책을 마구 대해야 합니다. 책에 밑줄도 긋고, 접고, 메모하고, 표시를 해야 합니다. 보고 나서도 새것 같은 책은 다시 볼 때도 새 책처럼 다시 보아야 합니다. 밑줄 치고, 메모한 책은 다시 읽는 시간을 확연히 줄여주고, 중요한 내용을 다시 떠오르게 합니다. 표시하고 메모하며 반복 양을 극대화해야 합니다.

13. 중요 내용을 정리하지 않는다

책에 있는 내용을 표시하고 메모했다면 이를 간략하게 정리하는 것이 필요합니다. 책 전체를 한 장 또는 두 장 정도로 간략히 정리하고, 중요하다면 이를 가지고 다닙니다. 정리하면 복습이 되고, 가지고 다니며 여러 번 보며 반복할 수 있습니다. 책 속 지식 모듈을 반복하고 반복할 수 있습니다.

주의집중은 어떻게 뇌를 바꾸는가

고릴라 실험

우리는 우주 속에 살고 있습니다. 하지만 나의 경험은 나의 경험에 국한됩니다. 그리고 내가 경험하는 것 중에서도 내가 주의를 기울인 것만 진정한 내 경험이 됩니다.

고릴라 실험이라 불리는 유명한 주의력 실험이 있습니다.

화면에는 6명의 플레이어가 나옵니다. 흰옷 3명, 검은옷 3명입니다. 화면을 보는 실험자들에게 '흰옷을 입은 사람들끼리 공을 패스한 횟수를 세시오'라는 미션을 줍니다. 흰옷을 입은 사람들과 검은 옷을 입은 사람들이 서로 움직이며 패스하기 때문에 주의를 집중해야 합니다. 그래야 미션 수행을 할 수 있으니까요. 그러고는 묻습니다.

"흰옷을 입은 사람들의 패스 횟수는 몇 번인가?" 실험자의 대부분이 횟수를 맞춥니다. 이어서 또 묻습니다.

"화면에서 고릴라를 봤나요?"

사실은 '고릴라 질문'이 실험의 목표입니다. 많은 이들이 화면 속에서 고릴라를 보지 못합니다. 하지만 화면을 돌려보면 답은 명확합니다. 고릴라는 사람들 사이를 유유히 걸어와 화면의 중앙에서 가슴을 치고는 유유히 사라집니다. 눈을 뜨고 있는 사람들은 못 볼 수가 없는 장면입니다. 하지만 많은 이들이 눈뜨고 화면을 지켜보지만, 고릴라를 보지 못합니다.

고릴라 실험은 주의집중이 우리의 경험치에 어떤 영향을 미치는가에 대한 실험입니다. 우리가 목표로 하지 않는다면 목표가 아닌 것은 코앞에서도 놓칩니다. 즉 주의를 주지 않은 것은 내 머릿속에 입력되지 않습니다. 내 경험 속에는 나의 주의력이 작동한 것만 남습니다.

주의집중은 실제로 뇌영역을 바꾼다

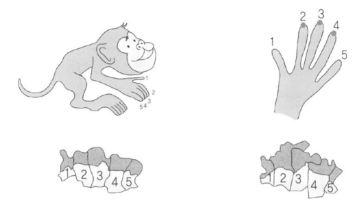

　원숭이의 손가락 2, 3, 4번을 주의집중해서 훈련시키면 실제로 뇌영역이 커집니다. 1, 5번 손가락 영역의 크기는 크게 변화가 없거나 오히려 줄었지만 2, 3, 4번의 손가락 영역은 이전보다 커졌습니다. 이때 주의집중에 단서가 있는데, 능동적이어야 한다는 것입니다. 능동적인 주의집중이 아니라면 이 같은 영역 변화가 일어나지 않습니다. 수동적으로 아무리 손가락을 자극해도 영역이 더 커지지 않습니다.

자발적 주의집중과 비자발적 주의집중

　주의집중은 자발적 주의집중과 비자발적 주의집중, 두 가지로 나뉩니다. 자발적 주의집중은 자신의 의지로 무언가에 능동적으로 집중하는 것을 말합니다. 비자발적 주의집중은 외부의 자극에 수동적으로 주의집중되는 것을 말합니다.

　예컨대 주변의 자극을 끊고 책에 의도적으로 집중하는 경우는 자발적 주의집중입니다. 이때 갑자기 어디선가 큰소리가 나거나 불이 깜빡거려서 외부 세계로 주의가 집중되었다면, 이것은 비자발적 주의집중입니다.

　자발적 주의집중은 전두엽이 뇌간의 중뇌에 있는 도파민 세포를 자극합니다. 자극받은 세포에서 도파민이 관련 뇌 영역에 분비되며, 주의를 집중한 뇌신경 세포들은 서로 연결되고(같은 자극을 받아도 옆에서 도파민이 도움을 주는 세포들은 뇌신경연결이 더 잘 이루어집니다), 뇌 영역은 확장됩니다. 자발적 주의집중이 실제로 뇌세포의 변화를 이끈 것이죠.

책은 호기심을 충족해야 합니다

주의집중은 도파민 세포를 활성화하여 각각의 뇌신경연결을 강화합니다. 그래서 같은 자극 한 번에도 더 많은 크랩 단백질이 형성되고, 뇌신경은 더 많은 가지를 뻗어 연결됩니다.

이처럼 주의집중은 실제로 뇌신경연결을 만드는 역할을 합니다. 그래서 주의집중, 특히 능동적 주의집중은 뇌신경연결에 매우 중요합니다.

독서에서도 이러한 주의집중이 굉장히 중요하지요. 즉 집중할 것을 잘 골라서 읽어야 합니다. 재미없고, 호기심이 없는 책을 억지로 읽는 것은 머릿속에 뇌신경연결을 효과적으로 만들지 못합니다.

책은 나의 호기심을 충족시켜야 합니다. 그래야 뇌신경연결이 가장 깊고 진하게 연결됩니다. 호기심으로 책을 고르고, 호기심으로 책 속 지식 조각을 찾아 읽어야 하는 이유입니다.

재미없는 책, 재미없는 내용으로 시간을 낭비하지 말아야 합니다.

재미없는 책, 재미없는 내용은 내려놓는 것이 오히려 좋습니다.

호기심으로 읽는 책은 힘이 셉니다.

5장

크랩독서법으로
책을 읽어라

〈반복읽기〉

크랩독서법의 핵심 단계입니다.

제한된 시간에 집중 반복하면서 책의 뼈대를 파악하고,

책의 주요 내용을 효율적으로 그리고 명확하게 잡아내도록 이끕니다.

반복읽기는 선택과 집중, 그리고 반복의 구조입니다.

반복읽기 시스템은 뇌신경연결에 가장 효과적입니다.

인트로 :
왜 크랩독서법인가

왜 크랩독서법인가?

독서는 뇌신경연결을 만드는 행위입니다. 책을 읽으면서 이전에 없었던 뇌신경연결을 만드는 행위입니다. 즉 뇌신경연결이 만들어지는 원리를 알고, 이를 책읽기에 적용해야 효과적으로 뇌신경을 연결할 수 있습니다.

그 독서법이 크랩독서법입니다.

독서는 결국 내 머릿속에 뇌신경을 연결하는 것이고, 효과적이고 효율적인 독서법은 뇌신경연결 방법과 다를 것이 없습니다. 즉, 뇌신경연결에서 가장 중요한 요소인 반복을 독서의 중심에 세워야 합니다.

이것이 바로 크랩독서법입니다.

뇌신경을 연결하는 과학에 근거하지 않는 않는 독서법은 변죽을 울릴 수 있지만 핵심을 이야기할 수는 없습니다. 크랩독서법은 뇌신경연결의 핵심을 중심으로 독서법을 재해석하고, 효과적이고 강력한 독서법을 제시합니다.

크랩독서법 3단계

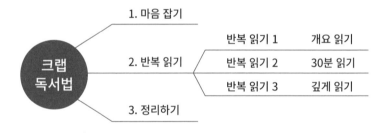

크랩독서법은 3단계로 나뉩니다. '마음잡기', '반복읽기', '정리하기'입니다. 이중 핵심 단계는 '반복읽기' 단계입니다. 반복읽기는 다시 3단계로 나뉩니다. '개요읽기', '30분읽기', '깊게읽기'입니다.

마음잡기

책에서 얻을 것을 미리 가늠하고 마음을 모으기 위한 루틴을 갖는 단계입니다. 집중은 뇌신경연결에 직결됩니다. 반드시 집중 모드로 책을 접해야 책 안에서 많은 것을 내 뇌로 빨아들일 수 있습니다.

반복읽기

크랩독서법의 핵심 단계입니다. 제한된 시간에 집중 반복하면서 책의 뼈대를 파악하고, 책의 주요 내용을 효율적으로 그리고 명확하게 잡아내도록 이끕니다. 반복읽기는 선택과 집중, 그리고 반복의 구조입니다. 반복읽기 시스템은 뇌신경연결에 가장 효과적입니다.

정리하기

이 단계에서는 읽은 책을 검색하고 향후 다시 반복할 수 있는 시스템을 이야기합니다. 책을 읽었다고 모두 내 머릿속에 흡수되는 것이 아닙니다. 흡수되었어도 영원하지 않습니다. 내 머릿속 뇌신경연결을 만들었다 해도 간헐적 반복이 또 필요합니다. 반복읽기가 '집중적 반복'이라면 정리하기는 '간헐적 반복'을 위한 작전입니다.

크랩독서법 1단계 : 마음잡기

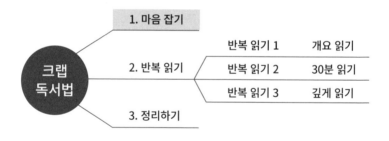

마음잡기는 뇌가 독서에 들어갈 준비를 하게 한다

독서하기 전에 마음을 집중 상태로 만듭니다. 집중은 머릿속에 더 많은 뇌신경연결을 만들기 때문입니다. 집중 상태에서 가장 효과적으로 뇌신경이 연결됩니다. 집중을 하면 뇌간에서 도파민이 뿜어져나오고, 도파민이 분비되면 가장 효과적으로 뇌신경이 가지를 뻗어 서로 연결됩니다. 집중모드로 마음이 차분하고 목표지향적이 될 때 시간당 뇌신경연결이 가장 효과적으로 만들어집니다.

마음잡기의 방법

집중 상태로 만들기 위해서 다음의 두 가지를 염두에 둡니다. '시간제한'과 '책을 읽는 목적'을 떠올리며 독서 환경을 세팅하는 것입니다.

첫째, 30분 안에 책을 읽겠다.
둘째, 내가 이 책에서 얻으려는 것은 무엇인가?

첫째, 30분 안에 책을 읽겠다.

시간제한을 하면 집중력이 좋아집니다. 본격적으로 책을 읽기 전에 시간을 제한하며 마음을 모으며 살짝 긴장 모드로 들어갑니다.

둘째, 내가 책에서 얻으려는 것은 무엇인가?

책을 읽는 목적은 상황에 따라 달라집니다. 같은 책을 보더라도 지금의 목적에 따라 읽는 방법과 읽는 시간, 읽는 포인트 등이 모두 달라집니다.

- 나는 지금 왜 책을 읽는가?
- 내가 책에서 얻으려는 것은 무엇인가?

이 같은 질문과 답을 하며 책읽기의 목적을 생각하며 마음을 모아봅니다.

이상에서 본격적인 책읽기에 들어가기 전의 준비에 대해 살펴보았습니다. 시간제한을 하고 책읽기의 목표를 생각하면서 마음을 집중 상태로 만드는 것이죠.

여기에 한 가지 더, 책을 대하는 자세를 잠깐 언급하고 넘어가겠습니다. 바로 '책을 완벽하게 읽어야 한다는 부담을 버려라'는 것입니다. 책을 완벽히 읽으려는 작전보다 좋은 작전은 '대충 읽기 + 반복 읽기'입니다.

집중해서 읽지만 한 번에 완벽히 읽으려는 자세를 놓고(대충 읽기), 여러 번 읽으면서(반복 읽기) 서서히 내용을 알아간다는 마음자세를 유지합니다.

〈대충읽기 + 반복읽기〉는 크랩독서법의 핵심입니다. 크랩독서법 2단계에서 어떻게 '대충읽기'와 '반복읽기'를 할 것인가에 대해 상세하게 다룰 것입니다.

이렇게 시간제한과 책읽기의 목표와 책을 대하는 자세를 떠올리며 본격적인 책읽기 전에 마음을 집중상태로 만듭니다.

이제 본격적으로 책을 읽을 준비가 되었습니다.

TIP

....

다음에 책읽기의 기술 몇 가지를 소개합니다. 참고하여 적절하게 사용하면 많은 도움이 될 것입니다.

1. 귤기법

주의집중은 뇌신경연결을 만들기 위한 가장 중요한 요소입니다. 주의는 실제 뇌신경연결을 만드는 아주 중요한 요소이지요. 읽을 때 주의를 기울이고 집중한 내용은 뇌 속에 깊게 새겨집니다. 앞에서 설명한 책을 읽기 전의 목표의식과 시간제한은 주의집중을 도와줍니다. 여기에서 주의집중을 도와주는 단순하지만 효과적인 기법 하나를 소개하겠습니다. 귤기법이라는 기법입니다. 방법은 간단합니다. 머리 뒤통수 뒤에 귤을 하나 상상합니다. 귤을 하나 상상 속에 떠올리며 책을 읽으면 집중이 잘됩니다.

2. 손가락 기법

읽을 부위를 손가락으로 먼저 줄을 그으면서 읽습니다. 손가락은 뒤로 가지 않고 앞으로만 그어갑니다. 속발음을 막고 속도감을 유지할 수 있습니다.

크랩독서법 2단계 :
반복읽기

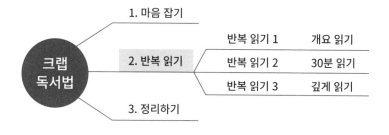

반복읽기 1, 2, 3단계

개요읽기(반복읽기 1단계)는 책 전체의 구성을 살피고, 전체 책의 리듬을 보는 단계입니다.

반복읽기(반복읽기 2단계)는 주어진 시간 동안 80/20법칙으로 중요부분을 읽고 읽습니다. 뇌신경 집중적 반복의 시간입니다.

정리하기(반복읽기 3단계)는 읽은 책의 핵심을 나중에라도 찾아볼 수 있도록 하는 세팅입니다. 즉 뇌신경 간헐적 반복의 시간입니다.

크랩독서법 2단계
– 반복읽기1 : 개요읽기

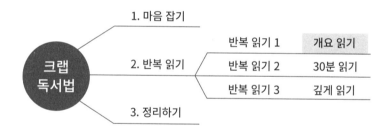

개요읽기는 무엇이고 왜 필요한가

크랩독서법 반복읽기의 첫 번째 단계는 책의 개요를 잡는 단계인 '개요읽기(반복읽기 1단계)'입니다.

책에는 각각의 리듬이 있습니다. 각각의 책마다 작가가 책을 어떻게 구성했는지, 큰 줄거리는 무엇인지를 파악합니다. 개요읽기는 책의 설계도를 대략적으로 감지하는 단계입니다.

책은 한 가지 주제를 향해 세팅합니다. 같은 주제라도 구성은 책마다 모두 다릅니다. 초보를 위한 구성도 있고, 고수를 위한 구성도 있습니다. 주변이 잡다해서 변죽만 울리는 책도 있고, 중요한 내용이 너무 많아서 소중히 다룰 책도 있습니다.

크랩독서법 반복읽기 1단계, 개요읽기에서는 책의 전체 구성을 빠르게 살펴봅니다. 호기심이 가는 내용이 있는지를 살펴봅니다. 더 집중해서 읽을 책과 간만 보고 내려놓을 책을 구분합니다.

개요읽기는 책의 뼈대를 파악하고 큰 그림을 그리는 단계입니다.

개요읽기의 구체적인 방법은 무엇인가

1. 제목, 부제목, 띠지 등 표지를 살핀다

본격적으로 책을 읽기 전에 책의 제목, 부제목, 카피, 띠지 등 책의 표지를 살펴봅니다. 표지에는 책에 관한 많은 핵심 정보가 담겨 있습니다. 책의 중요 내용은 물론, 저자가 책에서 무엇을 강조하는지도 알 수 있습니다. 표지 정보는 책읽기의 안내자 역할을 합니다. 책의 전체 핵심 주제를 얻을 수 있습니다.

2. 저자의 약력을 살핀다

저자소개를 보며 저자가 책의 주제를 어떻게 다루어왔고 주제 관련 어떤 일을 하고 있는지를 파악합니다. 왜 책을 썼는지도 저자소개에서 알 수 있습니다. 또한 저자의 약력을 통해 저자의 전문가적 식견을 가늠해볼 수 있습니다. 저자가 연구자인지, 실용 전문가인지 등을 미리 확인하고, 책에서 얻을 수 있는 정보의 신뢰성과 유용성 등을 가늠할 수 있습니다.

3. 차례를 살핀다

차례는 꼼꼼히 살펴야 합니다. 차례는 책의 뼈대입니다. 차례에는 책의 전체 윤곽이 펼쳐집니다. 저자의 의도를 파악하기에 가장 좋습니다. 저는 차례만을 보고 책을 사기도 합니다. 차례에서 재미, 호기심이 일어나는 부분이 있는지를 확인합니다. 차례를 보면서 책에서 얻을 목표를 재정비합니다.

4. 큰 제목, 소제목, 그림, 굵은 글씨, 요약 내용 등을 우선으로 읽는다

차례를 살펴본 후에 멈추지 말고 책 전체를 빠르게 훑어보기로 이어갑니다. 훑어보기는 차례 읽기와 같은 의미입니다. 좀 더 구체적으로 차례를 살펴보는 것이지요. 빠르게 책 전체 구성을 살피는 기분으로 읽습니다.

큰 제목, 소제목, 그림, 굵은 글씨, 요약 내용 등을 먼저 살펴나갑니다. 전체의 뼈대를 파악하기 위해서는 세부 내용에 대한 호기심을 잠시 참아야 합니다. 물론 중간 중간 눈길을 끄는 부분에 잠시 머무는 것은 괜찮지만, 너무 오래 머무는 것은 삼가는 것이 좋습니다. '개요읽기 단계'는 큰 그림을 그리는 단계라는 것을 잊지 말고, 체크만 해두었다가 반복읽기 2단계, 3단계에서 호기심을 충분하게 해결합니다.

5. 눈길을 잡는 부분도 신문 보듯, 잡지 보듯 훑어본다

신문을 볼 때처럼 큰 제목 등을 슬슬 살펴보다 보면 호기심이 생기는 부분에 있습니다. 이때도 잠깐 머무는 데 그쳐야 합니다. 재미와 호기심을 끄는 부분이 있는지를 확인하는 정도로 그칩니다. 책을 훑어보면서 중요 지식 모듈의 위치를 파악하는 정도로만 읽어냅니다.

개요읽기에서 주의해야 할 것들

① 작은 정보에 많은 시간을 보내지 않는다

한 페이지, 한 정보에 너무 많은 시간을 할애하지 않습니다. 개요읽기의 목표는 말 그대로 '책의 개요를 잡는 것'입니다. 세세한 내용에 매몰되지 않도록 주의합니다. 큰 얼개, 전체 뼈대, 큰 숲을 보기가 목적입니다.

② 책의 큰 뼈대와 난이도, 구성을 체크한다

같은 주제라도 어려운 책, 쉬운 책, 이야기로 풀어내는 책, 사례 위주의 책, 매 장마다 요점을 정리해주는 책, 쉬운 그림으로 요점을 잡아주는 책, 학술적인 책, 대중을 위한 책 등등 수많은 구성이 가능합니다. 주제를 향한 큰 뼈대를 살피고, 책의 난이도 및 구성을 살핍니다. 책이 나의 목표에 맞게 구성되었는지를 살피는 정도면 됩니다.

책을 모두 볼 수는 없습니다. 개요잡기에서 너무 쉽거나, 너무 어렵다면 책을 내려놓아도 됩니다. 다른 책으로 옮겨가도 됩니다. 나에게 맞는 책인지 내가 원하는 정보가 어디에 있는지 등을 살펴보면서 책을 어떻게 읽을 것인지를 판단합니다.

크랩독서법 2단계
– 반복읽기2 : 30분읽기

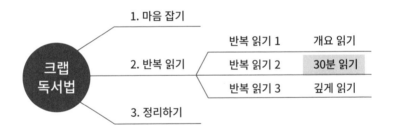

반복읽기 2단계인 〈30분읽기〉는 크랩독서법의 핵심입니다.

뇌신경연결을 만들려면 반복이 반드시 필요합니다. 한 번에 모든 내용을 파악하는 것이 아닌, 중요 내용을 여러 번 반복하면서 중요 내용에 대한 이해도를 서서히 올리는 작전이지요.

책의 개요를 잡고 나면 어떤 책인지 가늠할 수 있습니다. 어려운 책인지, 쉬운 책인지, 책에서 얻어야 하는 정보는 무엇인지, 책에서 재미와 호기심이 일어나는 곳이 있는지, 있다면 어디에 있는지 등을 개요읽기(반복읽기 1단계)에서 가늠합니다.

이처럼 개요읽기 단계에서 책에서 어떤 정보를 얻어낼지를 파악하고 정했다면, 원하는 정보를 정확히 얻어낼 때까지 반복해서 읽습니다. 어떻게 할까요? 30분읽기를 통해서요.

왜 30분읽기인가

개요읽기 단계에서 책에서 어떤 정보를 얻어낼지를 파악하고 정했다면, 원하는 정보를 30분읽기로 얻습니다.

시간제한으로 시간의 밀도를 높인다

책을 읽기 위해서는 시간이라는 자원이 필요합니다. 2주가 주어지면 책은 2주 동안 읽게 됩니다. 하루가 주어지면 하루 동안 읽게 됩니다. 30분이라는 시간이 주어지면 정보를 선택하고 집중하여 30분에 읽습니다. 책 속의 다양한 정보에 강약을 주면서 정말 필요한 정보를 선택하여 시간을 할애합니다. 시간이 한정되어 있기 때문입니다.

사실 책 한 권에 30분은 쉽지 않은 시간입니다. 하지만 30분

만에 책을 읽는다는 목표 의식은 시간을 밀도 있게 만듭니다. 다른 생각을 할 틈을 주지 않고 당장 주어진 과제에 깊게 몰입할 수 있도록 만듭니다.

만약 30분 만에 책을 보지 못하면 어떨까요? 더 보고 싶은 책이라면 더 보면 됩니다. 5분, 10분 정도를 더 읽으면 됩니다. 그래도 못 읽었거나 더 읽고 싶다면 어떻게 할까요? 10분, 20분 더 읽으면 됩니다.

짧은 시간에 집중적으로 읽는 것이 뇌신경연결에 효율적이다

만약에 책 1권을 2주 동안에 읽는다면 어떨까요? 책읽기를 마칠 때쯤이면 책의 앞부분은 까마득히 사라질 것입니다. 에빙우스의 망각곡선에 따르면 기억의 반감기를 거쳐 약 20% 정도만이 남아있을 것이고요.

뇌신경연결을 위해서는 반복 양을 집중해야 합니다. 뇌신경연결을 위해서는 반복 자극, 그것도 집중 반복 자극이 필요합니다. 즉 뇌신경연결을 위해서는 제한된 시간에 반복 양을 채워야 합니다.

어떻게요? 중요한 것과 중요하지 않은 것, 아는 것과 모르는 것을 구분하고 선택하고 그것에 집중하는 것을 통해서요. 내가 알아야 하고, 또 내가 모르고 있는 내용을 선택하여 제한된 시간에 집중반복하면 2주 동안 한 번 읽은 것보다 훨씬 효과적으로 지식 모듈을 취할 수 있습니다.

제한된 시간은 집중력을 높이고, 시간의 효율을 높이고, 선택과 집중을 이끌고, 선택한 것을 집중 반복할 수 있도록 도와줍니다.

선택과 집중 그리고 20/80법칙

30분이라는 시간 안에 책 1권을 읽는다는 것은 물리적으로 불가능합니다. 하지만 잡지를 읽는다고 생각하면 어떨까요? 30분은 넉넉한 시간입니다. 슬슬 넘기면서 읽어야 할 글을 선택하고 집중하기 때문입니다. 이처럼 중요한 것을 취하고 집중하여 읽는다면, 즉 선택과 집중을 한다면 30분읽기는 충분히 가능합니다.

20/80법칙•이 있습니다. '20%의 중요한 것이 80%의 가치를 갖는다'는 의미가 책읽기에서도 똑같이 통합니다. 20% 정도의 핵심내용을 파악한다면 책 내용의 80%를 얻게 됩니다. 중요한 20%를 선택하고 집중하면 책의 내용 80%를 알게 됩니다.

• 80%의 효과는 20%의 노력으로 얻어진다는 법칙으로 경제학자인 파레토(Pareto)가 소득과 부의 관계를 연구하다가 발견했다. 이를 개별기업에 적용하면 20%의 제품이 전체 매출이나 이익의 80% 이상을 차지하고 전체 고객 중 핵심 고객 20%가 매출의 80% 이상을 소비한다는 것이다. 개인에게 80/20법칙은 20%의 중요한 일에 노력을 집중해 성공적인 삶을 살 수 있다는 것으로 시간관리에 있어서 긴급성보다는 중요도에 따라 행동해야 한다는 의미이다. 《매경시사용어사전》 참고)

책 속 진짜 보물이 어디에 있나요? 이 보물찾기에 집중하고(선택) 보물을 취하는 것에 집중(집중)해야 합니다. 보물 이외의 것은 잠시 내려두어야 합니다. 중요한 것을 찾고 중요한 것에 집중합니다. 제한시간은 선택하고 집중하기 위한 환경 세팅입니다. 자원을 한정시키면 선택하고 집중하게 됩니다.

30분읽기의 구체적인 방법은 무엇인가

30분읽기 동안 글 자체를 하나하나 읽기보다는 정보의 덩어리 개념으로 읽어야 합니다. 글자 하나하나는 정보를 표현하기 위한 것일 뿐입니다. 정보의 덩어리 개념으로 책을 바라보고 책에서 보물찾기 하는 기분으로 읽기를 진행합니다.

'전체 조망' + '부분 읽기'

전체 내용을 조망하면서 신문 보듯 잡지 보듯 읽다가 호기심이 생기는 부분을 찾으면 주위 내용을 살핍니다. 내용을 확인하면 다시 슬슬 호기심을 찾아갑니다. 다시 호기심 부분을 찾으면 다시 집중하여 읽습니다. 즉 전체 조망을 하면서 재미난 부분을 찾고, 그 부분을 집중해서 읽습니다. 나에게 중요한 것, 내가 잘 모르는 것을 찾기 위해 전체 조망하며 읽고, 그 부분을 집중해서 읽습니다.

이렇게 전체 조망과 부분 읽기를 반복합니다.

호기심 부위로 바로 가서 읽기

때로는 호기심이 있는 부분으로 바로 가서 호기심을 충족합니다. 30분읽기를 하는 동안 호기심이 생기기도 하고, 개요읽기를 하다가 호기심이 생기기도 합니다. 그럼 책의 순서와 상관없이 바로 호기심 영역으로 가서 읽습니다. 앞뒤 맥락은 나중에 연결됩니다. 책을 앞에서 뒤로 순차적으로 읽을 필요가 없습니다. 중요한 것은 책에서 얻는 정보 지혜 덩어리 자체입니다. 호기심과 목표가 충족되면 다른 호기심 영역으로 가서 읽고 읽습니다.

반복읽기를 하면서 책에 표시하기

반복읽기를 하면서 책에 다양한 표시를 합니다. 저는 색연필로 밑줄이나 동그라미 등으로 중요 표시를 해나갑니다. 다양하게 표시할수록 호기심과 목표를 다시 확인하기 쉽습니다. 책에 표시하고 미그히는 것을 끼리지 마세요. 나만의 표시를 하세요. 책을 메모장처럼 이용합니다. 마구 나만의 표시를 합니다. 정보의 중요도를 표시하고, 떠오르는 생각도 적고, 다양한 마크를 해서 다시 읽을 때 반복자극을 돕도록 합니다. 다시 읽을 때 표시는 그 순간의 뇌신경연결을 자극하면서 기존 뇌신경연결을 자극하고 뇌신경연결을 더 단단히 만듭니다.

책 읽는 목표가 충족될 때까지 반복하기

반복읽기는 반복할 이유가 없을 때까지 합니다. 특히 제한된 시간에 집중 반복해서 읽어야 뇌신경연결이 더 단단해집니다. 대장간에서 쇠를 단련할 때처럼요. 쇠가 빨갛게 달구어졌을 때 반복적으로 두들겨 쇠를 단단하게 만들고 또 모양을 변형시킵니다.

뇌신경연결도 마찬가지입니다. 달구어졌을 때, 즉 자극받았을 때 집중적으로 자극하여야 바꾸고 변형할 수 있습니다. 기존 뇌신경연결이 자극되었을 때가 기회입니다. 반복을 드문드문 하는 것보다 집중 자극해서 기존 뇌신경연결에 변화를 주어야 오래갑니다.

간헐적 반복읽기를 통해 기존 뇌신경연결 유지하기

한번 취한 지식 모듈이 영원한 것은 아닙니다. 시간이 지남에 따라 기존 뇌신경연결은 서서히 얇아지고 흐려집니다. 자극을 멈추면 조금씩 연결이 약해집니다. 즉 망각이 일어나게 됩니다. 이를 막는 방법은 간헐적인 자극을 주는 것입니다.

이것이 좋은 책은 곁에 두고 다시 읽기를 해야 하는 이유입니다. 읽었다고 영원하지 않습니다. 읽은 내용을 유지하기 위해서도 반복이 필요합니다.

주어진 제한된 시간에 읽고, 읽고, 읽어 기존 뇌신경연결을 확장시키고 단단히 합니다. 간헐적으로 다시 읽어서 확장된 뇌신경연결이 다시 사그라지는 것을 막습니다.

① 집중자극 ➪ 뇌신경연결 확장

여러 번 반복읽기를 하여 뇌신경연결을 만든다.

② 간헐자극 ➪ 뇌신경연결 유지

수주 혹은 수개월 후 다시 읽기를 하여 뇌신경연결을 유지한다.

크랩독서법 2단계
– 반복읽기3 : 깊게읽기

보석 같은 책을 만나면 깊게읽기로 나아가라

"책에 가중치를 두어 읽는다."

"정보에 가중치를 두어 처리한다."

이것이 크랩독서법의 독서 기준입니다.

30분읽기를 하면 정말 중요한 책이라는 생각이 드는 책이 있습니다. 무릎을 꿇고라도(?) 읽고 싶을 정도의 책입니다. 책 구석구석까지 호기심이 뻗어지는 그런 책이지요. 새로운 세상을 열어주는 그런 책입니다.

그런 책을 만나면 20/80법칙을 넘어서, 미지의 20%를 얻기 위해 80%의 시간 투자를 합니다. 수일 수주일이 걸려도 상관없습니다. 읽고 또 읽습니다. 지식과 지혜의 정수가 알알이 박혀있는 이러한 책을 만나기 위해 30분읽기가 있었던 것입니다.

책에 강약을 주고, 책 내용에 강약을 주는 것이 크랩독서법의 전략입니다. 모든 책을 처음부터 끝까지 읽을 필요가 없습니다. 나의 호기심을 끄는 부분, 책의 핵심 부분을 선택하고 집중합니다. 모든 책을, 책속 모든 부분을 진지하게 대하지 않는 것이지요. 이렇게 가볍게 책을 대하고 가다보면 보석 같은 책을 만날 확률이 높아집니다.

그렇게 보석 같은 책을 만나면 가로짜기로, 세로짜기로 읽고 읽고 또 읽습니다. 책에서 만나는 호기심이 모두 충족될 때까지 정독, 숙독 등으로 반복해서 읽고 또 읽습니다.

그럼 어떤 책이 보석 같은 책인가요?

저에게 보석 같은 책으로 분류되는 책의 기준은 다음과 같습니다.

1. 나를 새로운 분야로 이끄는 책

책을 읽다보면 다양한 호기심이 일어납니다. 그런 영역이 있다는 것도 모르고 살다가 느닷없이 '나에게 전혀 새로운 영역을 보여주는 책'을 만납니다. 새로운 세계로 나를 안내하는 책이죠.

예컨대, 저를 독서법의 세계로 이끌어준 《부자나라 임금님의 성공독서 독서전략》이 그런 책입니다. 이 책은 이 후에 다양한 독서법을 따로 공부하게 하는 마중물 역할을 하였고, 더 나아가 뇌신경연결과 독서를 결합시킨 크랩독서법을 정립하도록 한 책입니다. 만약 이 책을 만나지 못했다면 지금도 독서법이란 것이 있는 줄도 모르고, 목표도 전략도 없이 책을 읽고 있을 것입니다. 저의 독서를 신세계로 이끌어준 고마운 책이기에 여러 번 읽고 읽었습니다.

미하이 칙센트미하이 교수의 《몰입》과 더불어 황농문 교수의 《몰입 1, 2》는 사고, 생각이라는 신세계로 이끌어준 고마운 책입니다. 생각에 깊이 몰입하면 펼쳐지는 내적 세계로 저를 이끌어주었지요.

나를 신세계로 안내하는 책은 보석입니다. 깊게 읽고 읽고 또 읽습니다.

2. 기존의 생각을 깨는 책

기존의 생각을 깨주는 책은 굉장히 고마운 책입니다. 기존의 나의 생각이나 시각이 편견이었다는 것을 자각하게 해주는 책이죠. 내가 알고 있는 것에 반하는 내용으로 나를 설득하여 나의 지식을 교정하여주는 책입니다.

《협력의 진화》는 그런 책 중 하나입니다. 협력, 협동, 선함 등에 대한 기존의 제 생각을 부수고, 진정한 협력의 구조, 선함과 공정에 대한 가치관을 고민하도록 이끌어주었습니다. 다소 어렵기는 했지만, 이해할 수 있는 정도까지만 읽어도 충분히 감동적인 책이었습니다.

기존의 지식, 지혜를 한 단계 업그레이드하게 하는 책은 '깊게 읽기'의 타깃입니다. '30분읽기'를 넘어 인생 책으로 분류하여 책장에 두고, 읽고 읽고 또 읽습니다.

3. 정보가 알알이 박힌 책

지식의 보고인 책이 있습니다. 방대한 정보와 지식이 주렁주렁 달려있는 책입니다.

저에게 에릭 캔델의 책《기억을 찾아서》가 그러한 책입니다.

뇌신경연결의 깊은 과학의 세계로 들어가는 베이스캠프 역할을 해주었습니다. 한 뇌 과학자의 평생 연구들을 살필 수 있는 소중한 정보가 가득한 책입니다. 뇌 과학이나 진화론에 관심이 있는 사람에게는 정보가 알알이 박힌 책이 될 것입니다. 또 과학에 관심이 많은 일반인에게는 과학의 기본 바탕을 만들어주는 책입니다.

깊게읽기의 구체적인 방법은 무엇인가

"정보에 가중치를 두어 읽는다."
"책에 가중치를 두어 읽는다."

모든 책을 같은 비중으로 읽어서는 안 됩니다. 책은 글자에 집중하는 것이 아니라, 책속에 박힌 정보와 지혜에 집중해야 합니다. 책의 내용에 따라 다른 가치 가중치를 주고, 중요한 내용은 더 깊게 읽어야 합니다. 정보와 지혜에 가중치를 두고 읽어야 합니다.

중요한 책을 골라내기 위한 단계를 나누고, 중요한 책을 만나면 그 책에 가중치를 주고 그에 맞게 대우합니다.

30분읽기로 파악한 정보의 신선도, 기존 정보에 대한 기여도, 정보의 풍성함을 기준으로 깊게 읽어야 할 책을 선택하고 '깊게

읽기'를 합니다. 객관적인 가이드라인이 있다기보다는 나에게 중요한 통찰을 주는 책을 선택하여 '깊게읽기'를 합니다.

중요 책이라면 필요한 정보를 모두 얻을 때까지 30분읽기를 연장하고 반복합니다.

마인드맵을 그리기도 하고, 중요 내용을 정리하는 작업을 거치기도 합니다. 중요한 지식 덩어리를 체계적으로 정리하면서 읽는 것 자체가 깊게읽기의 한 부분입니다.

책 내용이 복잡하다면 키워드로 간단히 정리하는 것이 도움이 됩니다. 전체적인 내용의 연결성이 복잡하다면 마인드맵을 그려서 전체 윤곽을 살펴보는 것도 좋습니다.

깊게읽기에서도 책을 메모장처럼 대합니다. 정리하고 표시하고 질문도 적고 해답도 표시하면서 책을 저자와의 대화록으로 만들어갑니다. 깊게읽기는 저자와 대화를 주고받으며 액티브하게 읽습니다.

크랩독서법 2단계 반복읽기
핵심 정리

··

개요읽기

• 너무 세세하게 들어가지 않는다

개요읽기를 하면서 너무 디테일한 수준으로 들어가는 것은 경계해야 합니다. 개요읽기는 전체상을 살펴보기입니다. 디테일로 들어갈 기회는 나중에 충분히 많이 있습니다. 전체 숲을 관찰하는 시점을 유지하도록 합니다.

• 책의 리듬을 확인한다

책마다 리듬이 있습니다. 책의 리듬을 파악하면 독서의 작전을 세울 때 도움이 됩니다. 책마다 난이도와 구성이 다릅니다. 모든 챕터별로 요약정리가 되어있는 경우도 있고, 서문에 책의 구조가 명확하게 제시된 경우도 있고, 책의 끝에 전체 요지가 친절하게 담긴 책도 있습니다. 그림이 많은 책이 있는가 하면 그림 한 장 없이 깊숙한 곳에 보물을 꼭꼭 숨겨놓은 책도 있습니다. 책마다 리듬이 있고 그 리듬을 파악하고 독서를 해야 합니다.

· 흥미와 호기심 부분을 확인한다

책 속의 모든 내용이 중요한 것은 아닙니다. 나에게 흥미와 호기심이 있는 부분이 가장 중요합니다. 신문이나 잡지를 볼 때처럼 흥미와 호기심이 생기는 부분을 확인하고 대략 훑어보고 넘어갑니다. 한 번에 모든 것을 파악하려는 욕심을 내려놓습니다.

· 개요읽기도 반복읽기다

개요읽기는 반복읽기 1단계입니다. 개요읽기 후에 30분읽기, 깊게읽기로 나아가면서 내용을 서서히 파악하고 익혀나갑니다. 개요읽기에서 너무 세세하게 들어갈 필요가 없습니다. 이어지는 반복읽기를 통해 원하는 만큼 세세하게 들어갑니다. 개요읽기에서는 큰 맥락을 파악하는 것에 더 집중합니다. 중심이 명확하게 서면 디테일은 자연스럽게 이루어집니다.

30분읽기

• 글자를 보지 말고 요지를 본다

글자에 빠지는 것을 경계하여야 합니다. 30분읽기에서는 글자보다 저자의 생각덩어리, 즉 글의 요지 파악에 집중해야 합니다. 글자보다 중요한 것은 생각 덩어리 찾기입니다. 요지를 파악했다면 글자를 보지 않고 다음 보물을 찾아 떠나도 됩니다. 요지를 파악하고 보물 여부를 판단합니다. 30분읽기에서는 글자보다 요지를 봐야 합니다.

• 중요하고, 모르는 것에 가중치를 준다

30분읽기에서는 나에게 중요한 것, 내가 모르는 것에 가중치를 주어야 합니다. 내가 모르고, 중요한 것을 알아가는 것이 책읽기의 목표입니다. 책 속 보물을 찾아 읽어야 합니다. 30분읽기는 선택과 집중의 시간입니다. 중요하고 모르는 것에 선택과 집중을 할 때 독서의 목표에 가장 부합한 결과가 나옵니다.

• 한 번에 모두 알려고 하지마라

반복읽기를 하면 책 전체의 큰 줄기를 타고 영향을 주고받으며 서서히 이해도가 깊어집니다. 지금 모르는 내용도 점차 관련 지식이 쌓이면 나중에 이해가 되기도 합니다. 내 지식의 빈 부분이 있다는 것을 알고, 이를 반복해서 읽으며 보충한다는 기분으로 책을 접합니다.

책 모든 내용을 한 번에 끝내려 하면 책읽기가 무겁고 재미없고 힘든 숙제가 됩니다. 반복읽기를 통해 낯선 개념이 서서히 명확해지고, 어려운 개념이 뒤에서 풀리기도 하고, 뒤에서 어려웠던 내용이 앞 내용과 연결되면서 해결되기도 합니다. 책 속 내용 좀 몰라도 됩니다.

· 보물들은 서로 체계적으로 연결된다

책속 내용은 서로 체계적으로 연결되어 있습니다. 중심내용, 중심 주제를 향해 예시, 주장, 인용, 그림, 지식, 주장 등이 톱니바퀴처럼 맞물려 있습니다. 책속 보물 덩어리는 서로 체계적으로 연결되어 있어서 한 덩이 한 덩이가 소중합니다. 하지만 한 덩어리가 없다고 전체 구조가 무너지지는 않습니다. 다시 말해 한 덩어리를 빼먹어도 내용을 이해하는 데 문제가 없습니다. 보물들은 서로 연결되어 있기에 안 보이는 덩어리도 추정할 수 있습니다.

그러니 작은 부분에 집착할 필요가 없습니다.

· 보물찾기가 어느 정도 되었다면 멈출 줄도 알아야 한다

작은 보물들을 찾고 찾아 만족할 수준이 되었다면 멈출 줄도 알아야 합니다. 멈추고 다른 책속의 보물을 찾아 떠나야 합니다.

보물은 너무 많습니다. 사실 끝도 없습니다. 지금 이 책이 끝이 아닙니다. 더 큰 세계로 이끌어줄 좋은 책을 찾아 지금의 책을 덮을 용기도 필요합니다.

깊게 읽기

· 깊게읽기는 주관적인 중요도로 판단한다

모든 책을 깊게 읽으려고 하면 안 됩니다. 책마다 가중치가 다릅니다. 그 가중치는 객관적 세계가 아니라 주관적 세계입니다. 내가 모르던 세계를 보여주었다면, 그 책은 깊게읽기의 대상이 됩니다. 자주 만날 수 있도록 가까이에 둡니다.

이런 책은 제 경험으로는 10권 중에 1권 정도였습니다. 물론 저의 경우가 그렇다는 것이지요. 여러분은 또 다르겠지요. 주관적 감동, 주관적 가중치로 판단하기 때문입니다.

· 깊게읽기도 반복읽기다

깊게 읽을 때도 반복읽기의 형식으로 읽기를 추천합니다. 즉 한 글자 한 글자에 빠져 읽기보다 글자가 표현하고자 하는 지식의 덩어리, 보물찾기 개념으로 진행해야 합니다. 정독보다는 내가 알아야 하는 정보를 위해 전체 조망과 부분 읽기를 하면서 반복해서 읽습니다. 깊게읽기는 결국 반복해 읽기로 더 자세한 부분까지 파고 들어가는 것입니다. 반복읽기의 확장 개념이지요.

중심내용은 물론 세부내용까지 알아야 할 책이기에 그만큼 더 반복읽기를 하는 것입니다. 책속에 큰 보물이 있든, 작은 보물이 알알이 박혀있든 이것을 모두 빼낼 때까지 30분 시간제한 읽기를 넘어, 반복 반복해서 읽고 읽습니다.

· 요약하고 정리하는 것도 깊게읽기의 한 부분이다

요약하고 정리하는 행위는 깊게읽기의 부분이기도 합니다. 정리하기는 깊게읽기의 연장이라는 말입니다. 모든 책을 정리하기보다는 깊게 읽을 책을 정리하는 것이 더 좋은 전략입니다. 요약하면 더 깊은 내용이 들어옵니다. 마인드맵 정리는 유기적인 연결 파악에 좋고, 키워드 정리는 중심내용 파악에 좋습니다. 정리하기가 깊게읽기를 도와줍니다.

· 저자의 권위를 존중하되 맹신하지는 않는다

깊게 읽을 책으로 선택한다는 것은 저자의 생각에 동의한다는 것입니다. 정보가 유용하고, 참신하다는 의미이지요. 그만큼 저자의 권위를 인정하는 것이기도 합니다. 그렇다 해도 어떤 오류도 없는 것은 아닙니다. 세상은 복잡계 세상입니다. 저자는 공부하고 연구해서 더 최신의 정보, 더 차원 높은 지혜를 심어놓았지만, 세상에 완벽은 없습니다. 저자와 부딪힐 때 나의 생각을 놓지 말고 주장해야 합니다. 책을 읽는 것은 내 생각을 단련하기 위한 것이니까요.

저자의 권위는 인정해도 절대적 맹신은 삼가야 합니다. 내가 만들어낸 생각 덩어리를 더 소중하게 생각해야 합니다.

크랩독서법 3단계 : 정리하기

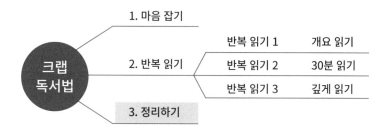

크랩독시법의 3딘게는 정리하기입니다. 물론 모든 책을 의무적으로, 기계적으로 요약할 필요는 없습니다. 요약은 요약하는 목표가 있습니다. 그 목표에 알맞게 요약하면 됩니다.

1. 책 복습을 한다

책을 읽었다고 책 내용이 영원히 나의 뇌신경연결로 만들어지는 것은 아닙니다. 지식 모듈이 내 것이 되기 위해서는 다양하게 여러 번 자극을 주어야 합니다. 책을 요약하면 다시 한 번 지식 모듈을 자극할 수 있습니다. 새롭게 받아들인 지식 모듈이 요약하고 정리하는 과정에서 더 단단해집니다.

2. 책의 전체 구조를 다시 짜본다

책을 읽고 나서 전체 내용이 한눈에 잘 잡히지 않는 경우가 있습니다. 이럴 때는 한 장 또는 두 장 정도에 내용을 정리하면 책 전체가 일목요연하게 정리됩니다.

3. 한 장 요약본을 만든다

책을 요약하고 정리하면 언제든 다시 찾아서 쉽게 다시 볼 수 (다시 자극할 수)가 있습니다. 책을 다시 읽지 않아도 책 전체 내용을 다시 떠올릴 수 있습니다. 요약본을 자주 들여다보면 뇌신경연결은 더 단단해집니다. 내 머릿속 지식 모듈이 될 가능성이 많아집니다. 요약본은 한 장, 많으면 두 장으로 만드는 것이 좋습니다.

4. 블로그 등으로 나누고 함께한다

블로그나 인스타그램 등의 SNS(Social Network Service)를 이용하

면 좋은 책을 다른 이들과 나누고 함께할 수 있습니다. 이를 통해 블로그 등을 활성화할 수도 있습니다.

5. 책 요약 방법 및 추천

책 요약에는 크게 두 가지 방법이 있습니다.

첫째는 아날로그 방법입니다. 공책에 마인드맵을 만들거나 주요 문장을 필사하는 방법 등이 있습니다. 저는 마인드맵을 더 추천합니다. 한 장에 책 전체 내용을 담기가 쉽고 책 한 권의 내용을 머릿속에 구조화해서 넣을 수 있습니다.

아날로그 방법의 장점은 디지털 툴을 따로 배우지 않고 손을 사용하기 때문에 배우기가 쉽고, 간편하다는 점입니다. 단점은 정보가 쌓이면 다시 찾기 어렵고 잃어버릴 수도 있다는 것입니다.

둘째는 디지털 방식입니다. 디지털 마인드맵 프로그램을 사용할 수도 있습니다. 알마인드, 씽크와이즈(thinkwise), simple mind, transno 등의 툴을 사용할 수도 있습니다. 또 블로그, 에버노트 등에 따로 정리할 수도 있습니다.

디지털 방식의 장점은 데이터 관리가 용이하고 검색이 빠르고 언제든 데이터를 찾을 수가 있다는 것입니다. 단점은 마인드맵 등을 하기 위해 핸드폰, 컴퓨터 등이 꼭 필요하고 디지털 툴을 배워야 한다는 점입니다.

저는 아날로그 방식으로 마인드맵을 제작하는 것을 좋아해서, 일단은 마인드맵으로 책을 요약하고, 이를 사진으로 찍어 에버노트나 블로그에 저장합니다. 이렇게 하면 아날로그와 디지털의 장점을 잘 활용할 수 있습니다.

① 공책에 마인드맵을 제작하고 사진을 찍습니다.
② 책 표지 및 중요 문장이 있는 페이지 사진을 찍습니다.
③ 에버노트 또는 블로그에 포스팅합니다.
④ 필요할 때 검색으로 찾아서 보고 또 봅니다.

정리하기도 30분 시간제한이 필요하다

요약하기도 책읽기처럼 시간에 제한 두기를 추천합니다. 약 30분 안에 모든 요약을 끝낸다는 생각으로 진행합니다. 책을 요약하는 것 자체가 목표가 아닙니다. 요약과 복습을 통해 책 속 지식 모듈을 반복하기 위함이고, 나중에 필요할 때 언제든 다시 복습하고 활용할 수 있도록 하는 것입니다. 구입한 책이라면 사실 언제든 다시 책장에서 빼내어 읽을 수도 있으므로 요약하기에 너무 많은 시간을 들이는 것은 삼가야겠습니다.

모든 책을 요약하는 것은 바람직하지 않습니다.

제한된 시간을 항상 고민해야 합니다. 책을 읽은 후 좋은 내용이지만 뭔가 머릿속에 정리되지 않을 때에 정리를 추천합니다. 책 자체보다 중요한 것은 나의 시간과 책 속 지식 모듈입니다. 우선순위를 명확히 하여 시간과 대비하여 가치 있는 지식 모듈을 정리합니다.

요약 그 자체가 중요한 것은 아닙니다. 책 내용을 전체적으로 정리하면서 깊게 알거나 구조적 파악에 도움이 될 때만 요약 정리하는 것을 추천합니다.

독서 습관 고리 세팅하기

　저는 습관에 관심이 많습니다. 그래서 습관에 관련한 많은 책을 읽었습니다. 그중 《습관의 힘》(찰스 두히그), 《아주 작은 습관의 힘》(제임스 클리어), 《습관의 재발견》(스티븐 기즈), 《습관의 디테일》(BJ 포그) 등에서 많은 도움을 받았습니다.

　제가 습관에 관심을 갖은 것은 반복이 무언가를 만드는 핵심 키워드라는 생각을 하면서입니다. 아마도 많은 분이 습관의 중요성을 인식하고 있을 것입니다. 이는 매일 반복의 힘을 느꼈기 때문일 것입니다.

자극, 행동, 보상

습관의 고리는 3단계입니다. 자극, 행동, 보상입니다. 자극이 오면, 행동을 하고, 보상을 받는 구조입니다.

예를 들면 밤 9시쯤에 배가 출출해지는 자극이 오고, 냉장고 문을 여는 행동을 하고, 음식을 꺼내어 먹고는 포만감이라는 보상을 받게 되는 것이지요.

습관은 우연히 형성되기도 하지만 원하는 목표를 위하여 설계할 수도 있습니다. 습관 고리를 공부하고 그 핵심을 설계에 적용한다면 가능합니다.

먼저 목표로 삼을 가장 중요한 행동 하나를 잡습니다. 행동은 작고 단순할수록 좋습니다. 목표를 위한 행동을 돈, 시간, 노력이 가장 적게 드는 수준까지 작게 만듭니다. 접근하기 쉬운 수준으로 변형하는 것이지요. 예를 들면

- 목표 : 몸짱이 되겠다.
- 핵심 행동 : 운동을 한다.
- 행동 분해 : 헬스클럽에 가입 ⇨ 팔굽혀펴기 100회, 스쿼트 100회 ⇨ 팔굽혀펴기 20회, 스쿼트 20회 ⇨ 팔굽혀펴기 1회, 스쿼트 1회

이렇게 몸짱이란 목표를 위한 행동을 돈, 시간, 노력이 적게 드는 아주 작고 단순한 행동으로 만듭니다. 아주 작고 단순한 행동이 중요합니다. 동기수준이 아주 낮은 날에도 할 수 있도록 하기 위해서입니다.

우리의 동기수준은 어제, 오늘, 내일이 다릅니다. 어느 날은 몹시 높지만, 또 어느 날은 몹시 낮습니다. 동기수준은 위아래로 파도를 치지요. 오늘의 높은 동기수준을 믿으면 안 됩니다. 시스템을 세팅하여 동기수준이 낮아도 꾸준함으로 연결되도록 해야 하지요.

그리고는 세팅된 행동을 자극에 연결합니다. 자극은 아주 구체적일 수록 좋습니다. 일상의 루틴에 연결해야 합니다. 예를 들면 팔굽혀펴기, 스쿼트를 화장실 다녀온 후(자극)에 바로 시행하도록 세팅합니다. 특별한 이벤트로 자극을 만들기보다 일상 속의 자극을 미리 세팅해서 연결합니다.

그래서 미리 습관 연결을 위한 세팅을 고민해 보아야 합니다.

- 자극 : ~~하면
- 행동 : ~~하겠다
- 보상 : 축하, 칭찬

그리고 가장 중요한 부분입니다. 보상입니다. 보상의 세팅은 축하, 칭찬을 추천합니다. 한 달 동안의 습관 세팅으로 한 번의 큰 보상보다는, 순간 행동에 대한 작지만 빠른 보상이 중요합니다. 즉 행동에 대한 스스로의 칭찬이 더 중요합니다. 그 어떤 누구도 매번 나의 작은 행동에 칭찬하지 않습니다. 스스로에게 세팅된 행동을 하는 순간마다 듬뿍 셀프 칭찬을 해주어야 합니다. 저는 이 부분이 굉장히 중요하다고 생각합니다. 칭찬은 다음처럼 세 번 진행합니다.

1. 자극을 받고 행동을 해야 한다고 떠올리는 순간
2. 행동을 하는 순간
3. 행동을 하고 난 후

스스로를 향한 작은 칭찬, 스스로의 작은 뿌듯함은 습관 고리에 도파민을 뿌려 강화합니다.

다음 사진은 제가 운영하는 카카오톡의 〈습관방〉에 올린 사진입니다. 중요한 목표를 위한 행동 세팅을 한 글자로 표현하고 달력에 색칠을 해나가는 구조입니다.

- 글쓰기 - 글
- 마케팅 - M
- 운동 - 몸
- 독서 - 책

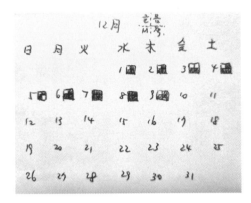

또, 습관 고리는 스스로 강화하기도 하고, 성장하기도 하고, 증식하기도 합니다.

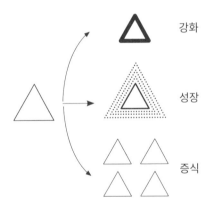

한 번의 팔굽혀펴기 1회를 습관 고리로 만들었다면,

강화

처음에는 의식해서 진행해야 합니다. 하지만 반복 양이 쌓이면 자극을 받는 순간 자동으로 팔굽혀펴기 1회를 하게 됩니다. 습관 고리가 스스로 강화됩니다.

성장

팔굽혀펴기 1회를 위해 시동을 걸었지만 때로는 10회를 하고, 50회도 하고, 동기가 충만한 날은 100회를 하기도 합니다. 그리고 근육도 강화되어 100회는 쉽게 할 수 있는 몸이 만들어집니다. 팔굽혀펴기 1회는 10회로, 50회로, 100회로 자가 성장을 합니다.

증식

팔굽혀펴기 습관 고리를 몸에 익히면 이 원리를 이용해서 다른 습관 고리 만들기에도 도전할 수 있습니다. '책읽기 습관 세팅', '글쓰기 습관 세팅', '일찍 일어나기 습관 세팅' 등으로 증식하는 거죠. 스스로에 대한 자아효능감이 커지고, 습관 고리 형성에 대한 경험이 축적되기 때문입니다. 습관방에서 처음에는 한 달에 1개의 습관을 목표로 하였습니다. 그리고 서서히 4개의 습관 고리로 증식하였습니다.

독서도 이러한 구조로 습관 세팅을 하기를 추천합니다. 자극, 행동, 칭찬의 3단계 습관 고리로 습관을 세팅하는 거죠.

~~하면(자극), ~~하겠다(행동), 칭찬(보상)

- 자극 - 출근하자마자, 퇴근하자마자, 점심식사 하고 앉자마자, 잠자기 전 침대에 들자마자 등
- 행동 - 매일 5분 읽기, 매일 1페이지 읽기, 매일 2페이지 읽기, 매일 호기심이 가는 부분 읽기 등
- 칭찬 - 스스로 칭찬하기, 스스로 뿌듯해하기 등

독서 습관을 위한 습관 고리 1,2,3을 만들고 매일 실행하면서 달력에 표시합니다.

6장

크랩독서법의 확장

독서 환경을 설정하면 더 훌륭하게 축적할 확률이 높아집니다.

의지보다 환경을 제어해야 합니다.

자신의 동선을 예측하고

더 쉽게 책을 볼 수 있도록 작은 환경을 설정합니다.

작은 환경 설정이 큰 차이로 나타납니다

마인드맵으로
책 구조를 정리한다

책은 일정한 구조, 설계가 있습니다. 저자는 책 쓰기를 하기 전설계도면을 먼저 그리고 작업을 시작합니다. 건물을 지을 때처럼 기본 계획도가 먼저 나와야 공사할 수 있습니다. 그래서 차례가 책 쓰기의 가장 중요한 과정이 됩니다. 주제와 관련한 모든 내용을 꺼내놓고 좋은 구조가 만들어질 때까지 다양한 모양으로 구조를 만들어봅니다. 좋은 구조가 만들어지면 책 쓰기의 반이 끝났다고도 생각할 수 있습니다.

글을 한 편 쓸 때도 마찬가지입니다. A4 한 장 또는 두 장 분량의 글을 쓰려면 몇 가지 글의 소재가 필요합니다. 재료 없이 술술 쓸 수는 없습니다. 글감을 정해서 글감을 적절하게 구성하고 글을 쓰면 무작위로 쓰는 것보다 훨씬 더 잘 써집니다.

책을 쓰기 위해서 저는 마인드맵을 이용합니다. 차례를 구성하기 위한 가장 좋은 툴로 마인드맵을 꼽습니다.

마인드맵은 전체 구조 파악에 효율적이다

마찬가지 이유로 책을 읽고 나서 책의 전체 구조를 알고 싶을 때에도 마인드맵을 그립니다. 마인드맵은 전체 구조 파악에 효율적이기 때문입니다.

차례를 보면 전체 구조가 들어오고 이를 바탕으로 중요한 내용을 적습니다. 구조를 스스로 정리해보면 저자가 한 생각의 흐름이 보이기도 합니다. 왜, 무엇을, 어떻게 이야기하고자 하는지를 큰 틀에서 바라볼 수 있게 됩니다.

물론 이런 마인드맵도 시간을 많이 들이는 과정이기에 모든 책에 적용하지는 않습니다. 뭔가 중요한 책인데 머릿속에 산만하게 정리가 잘 안 되는 느낌일 때 마인드맵을 그리며 정리합니다. 간단하게 키워드를 적어서 확장하는 구조로 적습니다.

모든 책을 정리하거나, 책 속의 모든 내용을 정리하지 않습니다. 이 또한 선택과 집중으로 정리가 필요한 책을 정리합니다. 책

한 권을 한 페이지의 마인드맵으로 정리합니다. 물론 한 페이지를 넘어가기도 합니다. 두 장, 세 장에 정리하기도 합니다.

이렇게 정리한 책은 앞표지를 사진 찍고, 마인드맵을 사진 찍어서 에버노트에 올려놓습니다. 에버노트의 장점은 사진, 글, 파일 등이 한 곳에 디지털로 저장된다는 점이며, 핸드폰 및 컴퓨터 모든 기기에서 호환이 된다는 것입니다. 필요할 때 언제 어디서든 참고할 수 있기에 추천합니다.

문장을 필사하고
문장과 대화한다

문장을 필사한다는 것

마인드맵으로 구조를 정리하는 것은 책 전체를 바라보기 위한 일입니다. 반면 문장 필사 및 정리는 한 그루 나무, 한 포기 풀, 한 송이 꽃을 보며, 새롭게 내 것으로 엮어내는 일입니다. 새로운 깨달음을 만드는 소중한 한 마디를 만나서 이를 다양한 뇌신경에 연결하는 것이죠. 다각도로 문장을 고민하고, 내 생활에 적용해보고, 입체적으로 고민할수록 문장 속에 스며있는 지혜를 더 깊게 받아들일 수 있습니다. 문장을 필사하면 그저 읽고 지나간다면 생각해보지 못했을 다양한 생각의 고리들이 연결됩니다.

부산으로 가는 길은 고속도로, 국도, 인도 모두 가능합니다. 고속도로로 가면 더 빠르게 부산에 닿을 수 있습니다. 하지만 국도, 인도 위의 여정에서보다는 감흥이 줄어들 수 있습니다. 고속도로보다는 국도가, 국도보다는 인도가 때로는 더 많은 가치를 전해 줄 수 있습니다. 독서는 독서 시간을 줄이는 것이 목표가 아닙니다. 저자의 생각을 머릿속에서 뇌신경연결로 전수받으려면 오히려 한 문장을 소중히 하는 전략이 의미 있을 때가 있습니다.

《초서 독서법》의 저자 김병완과 《메모 독서법》의 저자 신경철은 말합니다. "책 속 글을 필사하고 이를 중심으로 내 생각을 정리할 때 내 속으로 스며든다"고 말입니다. 수많은 책 속 문장을 읽고 필사하고, 자신의 생각으로 새롭게 연결하면 그 자체로 책이 되기도 합니다.

글을 쓰는 방법 중에는 책속에서 꽂힌 글을 한 줄을 쓰고 이를 이어서 생각나는 것들을 적어 내려가는 방법도 있습니다. 한 가지 생각에서 배우고 곱씹으며 더 좋은 생각이 흐르도록 트레이닝을 합니다. 생각을 입체적으로 종합하면 문장 자체는 더욱 깊게 전해지고, 관련한 이해 또한 깊어집니다.

명언을 한 줄 쓰고 이를 바탕으로 글을 시작하는 방법도 있습니다. 명언을 보면 머릿속에서 다양한 관련 뇌신경이 발화합니다. 이렇게 시동이 걸린 뇌 상태로 머릿속에서 일어나는 생각을 그저 받아 적으면 한 편의 글이 되기도 합니다.

한 문장을 깊게 분해하며 바라보기

기존 생각을 허물어버리거나, 기존 생각을 단단하게 해주는 책이 좋은 책입니다. 이를 위해서는 주어진 책 속 지식과 지혜 단위를 깊게 바라볼 줄 알아야 합니다. 그래서 한 권의 책을 전체적으로 보기도 해야 하고, 때로는 한 문장을 깊게 분해하며 바라보기도 해야 합니다.

문장 필사는 사실 시간이 많이 걸리기에 저는 필사를 자주 하지는 않습니다. 대신에 정리할 때 문장이 들어 있는 페이지를 적고, 중심 내용을 간단히 키워드로 정리합니다. 적어놓은 키워드를 보고 이해가 안 되면 관련 문장을 찾아서 볼 수 있도록 출처를 적어두는 것이지요. 명확한 문장을 보고 싶을 때를 대비해서입니다.

문장을 통해 생각을 이끌어야 합니다. 책 속의 문장을 쓰고, 문장을 통해 생각 훈련을 합니다.

읽기의 완성은
쓰기이다

읽기는 읽기 자체가 목표일 수도 있습니다. 하지만 결국은 읽은 것을 삶에 적용하기 위해 읽습니다. 읽어서 얻은 지식 단위는 새롭게 재조합되면서 생명력을 얻습니다.

우리는 읽으면서 저자의 작은 생각 단위를 흡수합니다. 거창한 생각이 아니어도 됩니다. 작은 생각, 작은 지식 한 조각이 큰 그림의 마지막 한 조각을 메우기도 합니다. 어떻게 큰 그림이 만들어질지 만들어지기 전까지는 모릅니다. 그래서 더욱 많은 한 조각 모음을 만들어가야 합니다.

그렇게 책을 읽고 다양한 경험을 하면 지식 단위가 조금씩 쌓여갑니다. 그리고 어느 순간 서로 엉겨 붙는 느낌이 듭니다. 그래서 다른 이들에게 무언가 하고 싶은 말이 생길 때가 있습니다. 무언가 할 말이 생기면 구조를 만들어서, 하고 싶은 말을 적으면 글이 됩니다. 블로그든 노트에든 하고 싶은 말을 쓰면 됩니다.

저는 2005년부터 책을 읽기 시작했습니다. 곧 책을 읽는 재미에 빠져들었습니다. 그리고 다양한 책 속 지식을 삶에 적용하기 시작하였습니다.

그 과정에서 저만의 관점으로 책 속 지식을 재조합하였습니다. 이런 저의 관점이 의미 있다는 결론을 내리고 글을 쓰기 시작했습니다. 무언가 말을 하고 싶었기 때문입니다. 결국 책을 한 권 쓰게 됩니다. 그리고 더 말을 하고 싶어서 강의를 만들기 시작했습니다. 이렇게 가공하여 만든 지식 단위를 바탕으로 작은 사업체를 꾸리고 있습니다.

이 모든 것의 시작은 책 읽기입니다. 독서를 통하여 머릿속에 지식 단위가 쌓이고 이들 단위들이 머릿속에서 서로 인력이 작용하며 엉키기 시작한 것입니다. 지식 단위는 함께 시너지를 내면서 그저 소비가 아닌 생산의 방향으로 재조합되기 시작하였습니다.

책 읽기는 지식 모듈을 흡수하는 행위입니다. 저자의 생각 한 조각, 지혜 한 조각을 머릿속으로 흡수하는 행위입니다. 그렇게 머릿속에 들어간 지식 모듈, 지혜 모듈은 다양한 경험, 지식, 지혜와 엉키면서 입체화됩니다. 일차원적 습득이 아닌 기존 단위와 엉킨 지식과 지혜는 이제 머릿속에서만 웅크려 있지 않습니다.

실체화된 모습으로 재가공되어 실제 생활에 적용됩니다.

쓰는 행위는 뇌의 앞부분인 전두엽을 쓰는 행위

책을 읽고 가장 쉽게 입체화하는 행위는 '쓰기'입니다. 쓰는 행위는 읽기로는 만들어지지 않는 입체적 사고가 필요하기 때문입니다. 읽는 행위는 뇌의 뒷부분을 많이 쓰는 행위입니다. 하지만 쓰는 행위는 뇌의 앞부분, 즉 전두엽을 쓰는 행위입니다.

지식, 지혜 단위를 누군가에게 이해시키려면 자신이 먼저 이해해야 합니다. 그리고 다른 이들이 이해하기 쉬운 구조로 다시 재조합해야 하지요. 그 과정에서 자신의 이해도 함께 깊어지고 기존 지식과 지혜는 새롭고 깊게 연결됩니다. 수동적 읽기를 넘어서 쓰기를 추천하는 이유입니다. 전두엽의 적극적 개입으로 읽어서 들어온 새로운 지식 단위와 관련한 기존의 지식 단위가 입체적으로 연결됩니다.

읽고, 쓰고 나면 이해도가 깊어집니다. 그리고 이해도가 깊어지면 실생활에 적용하기가 쉬워집니다.

읽기는 쓰기, 말하기를 거쳐 입체적으로 이해되어 실제의 적용으로 확장됩니다. 읽기는 결국 쓰기(글, 말, 적용)로 완성됩니다. 뇌

의 뒤쪽 영역으로 기본 사항을 이해하고 나면, 뇌의 앞쪽(전두엽)
이 더욱 깊게 기존의 단위와 유기적 연결을 이룰 수 있습니다.

환경 세팅으로
의지를 제어한다

독서 환경 설정이 필요한 이유

우리의 의지력은 한없이 작습니다. 의지력을 믿지 말아야 합니다. 우리를 둘러싼 '주위'는 우리의 '주의'를 잡으려 수많은 전문가가 포진해 있습니다. 텔레비전은 시청률을 올리는 전문가들이 눈길을 잡으려 온갖 노력을 하고 있습니다. 인터넷 뉴스 기사들도 눈길을 한 번 더 잡으려 온갖 자극성 있는 제목으로 우리의 주의를 잡습니다. 유튜브, 만화책 등도 온갖 재미와 유혹으로 손짓합니다.

시선을 사로잡으려는 온갖 것들에 둘러싸인 우리는, 그래서 우리에게 유용한 것에 시간을 집중하기가 쉽지 않습니다. 환경을 개선하여 유용하게 설정할 필요가 있습니다. 독서도 환경 설정이 필요합니다.

의지보다 환경을 제어해야 한다

책을 언제 어디서든 읽을 수 있도록 시간과 공간을 만들어야 합니다.

자신의 일정에 가장 적합한 독서 시간을 미리 설정하는 것도 좋습니다. 또는 빈 시간이 생기면 언제든 책을 꺼내 들 수 있도록 항상 들고 다닙니다. 저는 한때 항상 두 권의 책을 들고 다녔습니다. 언제든 빈 시간이 생기면 책을 펼칠 수 있도록요. 5분, 10분씩의 자투리 시간을 유용하게 이용하도록 환경을 설정합니다.

우리에게 주어진 소소한 시간을 잘 축적하면 꽤 많은 시간을 모을 수 있습니다. 자투리 시간, 작은 것을 소중히 모아야 합니다. 환경 설정으로 작은 시간을 차곡차곡 모을 수 있도록 고민합니다. 잡은 책을 모두 읽어야 한다는 부담도 버립니다. 한 챕터 정도를 가볍게 읽으면서 꽂히는 한 문장을 얻는 것에 크게 기뻐합니다.

또한 적합하게 공간도 디자인해봅니다.

독서 환경을 설정하면 더 훌륭하게 축적할 확률이 높아집니다. 의지보다 환경을 제어해야 합니다. 자신의 동선을 예측하고 더 쉽게 책을 볼 수 있도록 작은 환경을 설정합니다. 작은 환경 설정이 큰 차이로 나타납니다.

집구석 곳곳에 책을 놓고, 책을 읽는 독서 모임에 나가고, 서점에도 주기적으로 들립니다. 작은 독서 환경 설정으로 책에 대한 저항감을 낮춥니다. 우리의 의지가 약함을 미리 알고, 의지에 기대기보다 작전을 써야 합니다. 독서 환경 설정은 매우 훌륭한 작전입니다.

독서는 어떻게
강의가 되는가

••

한 주제에 대하여 책을 다양하게 읽다 보면 뇌신경연결의 관점으로 재조합되기도 합니다. 〈협상, 뇌신경을 연결하라〉라는 강의는 그렇게 만들어진 것입니다.

사업 진행을 위해서는 누군가를 설득하거나 협력을 요청해야 하기도 하더군요. 그래서 협상, 설득에 대한 궁금증이 자연스럽게 일어났습니다.

먼저 설득을 주제로 다양한 책을 읽었습니다. 그리고 중요한 책들을 정해서 간단히 정리합니다.

1. 《설득의 심리학》(1, 2, 3)

《설득의 심리학》은 총 3권으로, 분량이 상당히 많습니다. 하지만 정리하면 몇 가지 큰 분류로 요약됩니다.

① 상호성의 법칙 - 받으면 주고 싶어진다.

② 호감의 법칙 - 좋아하면 설득되기 쉽다.

③ 사회성의 법칙 - 많은 무리를 따라가기 쉽다.

④ 권위의 법칙 - 전문가, 높은 지위의 사람을 따르기 쉽다.

⑤ 희귀성의 법칙 - 갖기 어려우면 오히려 갖고 싶다.

⑥ 일관성의 법칙 - 갈 길을 일단 정하면 정한 길로 계속 가려한다.

《설득의 심리학》은 이러한 6가지 원리가 우리의 뇌에 기본으로 설정되어 있다는 사실을 다양한 예시와 증례를 통해 보여줍니다.

2. 《협상의 10계명》

우연하게 읽은 책인데 선물 같은 기분이 들었던 책입니다. 10가지 기본 문장으로 협상의 중요 내용을 압축한 책입니다.

① 요구에 얽매이지 말고, 욕구를 찾아라.

② 양쪽 모두 만족하는 창조적 대안을 계발하라.

③ 상대방의 숨은 욕구를 자극하라.

④ 윈윈 협상을 만들도록 노력하라.

⑤ 숫자를 논하기 전에 객관적 기준부터 정하라.

⑥ 합리적 논거를 협상의 지렛대로 활용하라.

⑦ 베트나(BATNA)를 최대한 개선하고 활용하라. (BATNA = Best
    alternative to negotiated agreement = 대안)

⑧ 좋은 인간관계를 협상의 토대로 삼아라.

⑨ 질문하라, 질문하라, 질문하라.

⑩ NPT(Negotiation Prepare table)를 활용하고 준비하고 준비하라.

3. 《어떻게 원하는 것을 얻는가?》

설득, 협상에 대해 가장 많이 알려진 책 중 하나입니다. 대학에
서 강의하는 내용을 알기 쉽게 구성하여 저에게 도움이 많이 되
었습니다.

① 목표에 집중한다.

② 상대의 머릿속 그림을 그려라.

③ 감정에 신경 써라.

④ 모든 상황은 각각 다르다.

⑤ 점진적으로 접근하라.

⑥ 가치가 다른 대상을 교환하라.

⑦ 상대방의 표준을 활용하라.

⑧ 절대 거짓말을 하지 마라.

⑨ 의사소통에 만전을 기하라.

⑩ 숨은 걸림돌을 찾아라.

⑪ 차이를 인정하라.

⑫ 협상목록을 만들어라.

4.《초전 설득》

책 제목인 초전 설득은 '설득하기 전에 미리 설득한다'는 의미입니다. 설득할 수 있는 관련 머릿속 뇌신경연결을 미리 준비시켜 발화하여 설득하기 유리한 뇌신경연결 상태를 만든다는 내용입니다.

이렇게 각각의 책을 읽고 나름대로 정리합니다. 책에서 말하는 요점을 정리하고 저자의 의도를 공부합니다. '왜 이 저자는 이렇게 이야기하는 것일까?', '다른 저자와의 차이점은 무엇이고 왜 그런 차이가 나오는 것일까?', '저자들이 이야기하는 공통점은 또 무엇이고, 뇌신경연결의 관점에서 고민할 거리는 무엇일까?' 다양한 책 속에서 다양한 '점'들을 모아서 분류하고 재조합합니다. 그리고 나만의 관점을 입힙니다. 뇌신경연결의 관점으로 가장 기본이 되는 책을 기본서로 정하고, 기본서를 중심으로 정리한 후 여러 책의 관점을 덧붙입니다.

협상을 위한 다양한 의견 중에 핵심을 추려냅니다. 종이 한 장에 핵심을 그림으로 나타내봅니다.

협상을 위한 몇 가지 핵심이 머릿속에 이미지로 그려지도록 강의안을 작성합니다.

〈협상〉 강의는 뇌신경연결의 관점으로 재조합되어 세상에 유일무이한 강의로 재창조됩니다. 유일하지만 그 안의 작은 점들은 다양한 저자들의 지혜를 빌린 것입니다. 모든 것을 혼자 시작할 수는 없습니다. 연구하고 고민한 사람들의 소중한 지식을 안고, 품어서 내 안에서 재창조를 해나갑니다. 그렇게 창조는 일어납니다. 한 점 한 점 지식을 모으고, 점과 점을 연결하여 나만의 새로움으로 재창조합니다.

이렇게 저는 30여 개의 강좌를 만들었습니다. 처음 1년 동안 24강의를 만들었고, 이후에도 책을 읽다가 뇌신경연결의 개념으로 재창조가 가능한 내용이면 강의를 추가했습니다. 〈주의, 협상, 시험, 결정〉 등의 새로운 강의를 뇌신경 버전으로 새롭게 더 만들었습니다.

모든 강의의 기본은 독서입니다. 독서로 점들을 모으고 나만의 뇌신경을 덧입혀 재조합하면 새로운 모습의 유일무이한 강의가 탄생합니다.

업무에 크랩독서법
적용하기

크랩독서법은 업무에도 도움을 줍니다. 업무는 우리가 직장 등에서 해결해야 할 무언가를 말합니다. 해내야 할 일을 파악하기 위해서는 업무와 관련한 정보를 먼저 알아야 합니다. 업무에 관한 전반적인 재료를 파악하고, 이를 업무 목표에 따라 재료를 새롭게 재조합합니다. 이를 바탕으로 계획을 수립하고 실행합니다.

① 업무에 필요한 재료를 파악한다.
② 목표에 맞게 재료의 신선도와 정확도를 따져 재정리한다.
③ 이를 바탕으로 업무에 필요한 전체 계획을 수립한다.
④ 업무를 계획에 따라 진행한다.

업무도 크랩독서법의 타깃이 됩니다. 업무를 계획하려면 먼저 업무를 중심으로 한 다양한 것을 알아야 합니다. 업무에 대한 정보 파악에 크랩독서법은 매우 효과적입니다.

크랩독서법으로 업무에 관련한 다양한 정보를 모을 수 있습니다. 많은 정보를 다룰 줄 알면 질 좋은 정보, 필수 정보를 빠짐없이 다룰 수 있습니다. 좋은 정보와 신선한 정보를 찾아내는 것은 더 좋은 업무 결과를 만들기 위해 꼭 필요한 단계입니다.

제가 근무하는 병원은 경기도에서 운영합니다. 그래서 병원에서는 공공사업을 하도록 독려하고 사업 내용을 매년 평가합니다.

제가 공공사업 팀장이 되어서 관련 사업을 진행했던 적이 있습니다. 먼저 사업의 평가 항목을 꼼꼼히 알아야 합니다. 그리고 어떤 부분에 점수가 있는지를 파악하고, 전체적인 관점에서 점수를 얻을 수 있는지를 고민해야 합니다. 사실 점수 설계가 한 권의 책처럼 만들어져 있기에 공부를 해야 합니다. 평가를 책임진 저는 이 점수 체계를 알기 위해 서류 검토를 해야 합니다.

이런 업무의 흐름은 크랩독서법의 흐름과 다를 것이 없습니다.

① 서류를 볼 때 처음부터 완벽히 알려고 하지 않습니다. 몇 차례 큰 그림을 읽고 중요 내용이 어디쯤 있는지 정도만을 파악하고 서류를 몇 차례 대강 읽습니다.

② 그러고는 반드시 필요한 부분을 다시 집중해서 읽고 넘어가고, 다시 필요한 부분을 집중해서 읽고 또 넘어갑니다.

　서류를 모두 읽을 필요가 없습니다. 서류의 전체상을 파악하고, 서류의 전체 구조에서 내가 꼭 필요한 부분만을 부분적으로 이해합니다. 서류 안의 모든 내용을 알 필요가 없습니다. 지금의 목표, 즉 점수를 만들기 위한 척도만을 빠르게 파악하면 됩니다. 중요한 내용은 빠트리지 않고 중복되는 내용은 건너뛰기도 하면서 몇 차례 읽고 읽어나갑니다.

③ 몇 차례 읽으면 모래에서 굵은 돌멩이를 솎아내듯이 서서히 중요한 내용이 올라옵니다. 업무를 위해 가장 중요한 내용을 알게 됩니다.

④ 이를 바탕으로 업무 전략을 짭니다. 즉, 목표를 명확히 하고 서류를 검토하며 지금 가장 중요한 업무 내용을 파악합니다. 업무의 방향성과 전략이 서는 것이죠.

⑤ 업무 결과는 명확한 목표를 바탕으로 효율적이 되기에 힘의 낭비가 없고, 가장 최적화된 로드맵을 짤 확률이 올라갑니다.

　그해 저희 병원 공공사업팀은 우수상을 받았습니다. 크랩독서법으로 업무를 파악하고 로드맵을 구성하여 실행했기 때문입니다.

[칼럼6]

내적 동기와 독서

내적 동기

《톰소여의 모험》을 쓴 마크 트웨인은 내적 동기를 명확히 이해하지 않았을까 싶습니다.

톰은 이모에게 거짓말을 했다는 이유로 벌을 받습니다. 톰에게 낚시를 제안하러 온 벤은 톰의 말에 깜빡 넘어갑니다. 벌로 250미터짜리 울타리를 페인트칠해야 하는 톰은 이 일을 일이 아닌 특권처럼 말합니다. 이모가 자신만을 위해 특수 임무를 내린 것처럼 말입니다. 한번 칠해보겠다는 벤의 요청을 단칼에 거절합니다. 어린이는 할 수 없는 고급 미션이라면서 말입니다. 벤은 결국

손에 든 사과를 건네고서야 페인트칠할 기회를 따냅니다. 그러고
는 스스로 선택한 이 대단한 일을, 조금씩조금씩 해나갑니다.

톰소여는 자신의 외적 처벌을 우연히 마주친 친구 벤에게 사
과를 받고 넘겨줍니다. 벤의 마음속에서 페인트칠이 내적 보상을
주는 일로 승격되었기 때문입니다.

- 외적 처벌 ⇨ 내적 보상
- 페인트칠 ⇨ 재밌는 경험

《열정과 몰입의 방법》의 저자 케네스 토마스(Kenneth Thomas)는
내적 보상에 대한 단위를 다음의 네 가지로 나눕니다.

① 의미 : 자신이 가치 있는 일을 하고 있다는 느낌
② 선택 : 일을 할 때 자신에게 선택권이 있다는 느낌
③ 역량 : 일을 할 수 있다는 느낌
④ 성과 : 목표를 향해 나아가고 있다는 느낌

《드라이브》의 저자 다니엘 핑크는 다음의 세 가지로 나눕니다.

① 자율 : 자기주도성
② 숙련 : 몰입에 이르는 길

③ 목적 : 의미 있는 삶

위 두 가지는 같은 의미입니다. 숙련이란 역량과 성과가 묘하게 균형 잡힌 몰입 상태를 의미하기 때문입니다.

즉, 내적 동기란 스스로의 선택으로(자율), 몰입하며(몰입), 큰 목적을 향해(목적) 조금씩 나아갈 때 만들어집니다.

우리의 뇌에게, 우리 자녀의 뇌에게 우리는 톰이 되어야 합니다. 지금의 일을 즐겁게 잘해내기 위해서, 눈앞의 일을 내적 보상으로 만들어야 합니다. 이 능력은 공짜가 아닙니다. 수많은 훈련이 필요합니다. 해야 할 일을 내적 동기화하는 능력 또한 반복할수록 능숙해집니다.

내적 동기를 위한 세 가지 단위는 다음과 같습니다.

1. 자율감

인간은 모두 자유롭고 싶어 합니다. 장기 알보다는 장기 선수가 되기를 원합니다. 스스로의 세계를 누리고 싶어 합니다. 자율감이 깃들수록 지금의 행위에 오로지 매진할 수 있습니다. 할 일(무엇을), 시간(언제), 사람(누구와), 기술(어떻게) 등에 대한 자율성을 갖도록 해야 합니다.

이때 실질적 자율보다 중요한 것은 자율의 느낌입니다. '조삼모사(朝三暮四)'라는 고사성어에 나오는 원숭이나 톰소여에게 사과를 건네고 페인트칠을 한 벤은 '스스로 선택'했다는 것에서 만족감을 느낍니다. '스스로의 선택'은 이들의 행동을 이해하는 데에서 중요한 포인트입니다.

하지만 완벽한 자율을 누리는 것은 밥벌이를 해야 하는 우리에게 쉽지 않습니다. 머리를 속여야 합니다. 머릿속에 스스로 선택했다는 느낌을 주어야 합니다. 스스로에게도, 아들, 딸에게도, 직원에게도 느끼도록 섬세하게 이끌어주어야 합니다. 큰 틀을 만들고 그 안에서는 최대한 자유롭도록 풀어주어야 합니다. 선택권을 넘겨주어야 합니다. 스스로 많은 것을 선택했다고 느낄수록 내적 동기가 활성화됩니다.

2. 몰입감

몰입은 우리의 능력과 도전이 절묘하게 맞아떨어질 때 경험하는 최적의 경험입니다. 너무 뜨겁지도, 너무 차갑지도 않은 '도전적 일'은, 이제 '일'이 아닌 놀이입니다.

모든 놀이의 틀은 몰입을 유도하는 설계입니다. 게임, 스포츠, 영화, 드라마가 지금에 몰입할 수 있도록 도전적 위기 상황을 만듭니다. 아슬아슬하고 될 듯 말 듯한 경계의 감정은 몰입감의 핵심입니다. 아슬아슬, 겨우겨우, 그러다가 결국 이루어 내면 도파민이 뿜어져 나옵니다. 뿜어져 나온 도파민은 행위에 대한 애정, 즉 내적 동기를 강화합니다.

하지만 우리의 밥벌이 같이 꼭 해야 할 일에는 아슬아슬, 될 듯 말 듯이 없습니다. 그래서 우리의 머릿속을 재설정해야 합니다. 일의 덩어리를 뭉치고 혹은 나누어서 자신의 능력을 살짝 넘어서는 정도의 도전적 일로 재설계해야 합니다. 너무 쉬워도 안 됩니다. 너무 어려워도 안 됩니다. 아슬아슬하게 성공하도록 설정하면 일도 공부도 게임이 될 수 있습니다. 한 판 한 판 큰 목표를 향해 다가가도록 잘게 잘게 잘라서 설정합니다. 큰일을 작게 만드는 설정 또한 연습의 대상입니다. 몰입감을 일으키는 설계 또한 반복할수록 정교해집니다.

이렇게 아슬아슬한 목표와 성공했는지 명확하게 알 수 있는 빠른 피드백을 만족시킬 때 우리는 몰입합니다.

3. 목적감

우리는 '자신'을 위하고 동시에 '우리'를 위하도록 설정되어 있습니다. 미하이 칙센트미하이(Mihaly Csikszentmihalyi) 교수는 "목적은 삶을 사는 데 필요한 에너지를 제공한다. 나는 자신을 뛰어넘는 일의 의미를 알고 있는 사람들을 선택하는 데 진화가 관여해왔다고 생각한다"고 말합니다. '이기적 유전자'는 그 생존을 위해 결국 무리를 만들고 '이타적 개체'로 거듭납니다. 《통섭》의 저자 에드워드 윌슨(Edward O. Wilson)은 최근 집단 선택이라는 개념을 받아들이며 진화 생물학계에 뜨거운 논란의 중심이 됩니다. 그는 인간의 운명을 복잡하게 움직이는 두 충동을 품어야 하는 존재로 이야기합니다. 집단 내의 개체 간 경쟁에서, 개체는 이기적이어야 생존과 번식에 성공합니다. 하지만 집단과 집단 간의 경쟁에서는, 집단은 집단 구성원이 서로 이타적이어야 다른 집단을 이겨내고 살아남을 수 있습니다. 나를 위하고, 동시에 나를 넘어서는 무언가를 위하는 두 가지 충동은 우리 속에 본성이 됩니다. 우리는 나를 위하고, 가족을 위하고, 지역에 헌신하고, 국가를 위하고, 인류를 위하고, 세상을 위하도록 설정되었습니다. 그 범위가 어떻든 자신을 넘어서는 무언가에 헌신하는 느낌은 본성으로 소중합니다. 충만감을 주고, 자체로 내적 보상을 줍니다. 자신이 소중히 생각하는 가치를 위해 나아가도록 설정해야 합니다. 이 또한 머릿속 착각이 중요합니다. 착각이라는 말이 부담스럽다면 설득이라 부를 수도 있습니다. 가치 있는 일을 하거나, 일을 가치 있게 만듭니다. 모두 정답입니다. 모든 일은 가치가 있습니다. 다만 자신의 가치관과 연결되지 않았을 뿐입니다. 일에 대한 몰입, 헌신은 일과 가치를 연결합니다. 일에 헌신하면 내적 가치가 새롭게 연결되기도 합니다. 나를 위하고, 나를 넘어선 우리를 위하는 '일의 목적'을 설정해야 합니다.

동기부여는 지금 해야 하는 일을 내적 동기로 만드는 일입니다. 지금 해야 하는 일을 자체로써 보상(도파민 생성)을 만들기 위해서는 위의 세 가지 단위를 고민하면서 어떤 단위가 약한 상태인지를 확인하고 강화해야 합니다. 내적 동기 상태는 지금의 일에 자율감, 몰입감, 목적감을 덧씌우는 내적 능력입니다.

결론입니다.

① 내적 동기는 지금 하는 일 자체로 도파민이 생성되는 내적 상태입니다.

② 내적 동기는 세 가지 단위(자율감, 몰입감, 목적감)로 나뉩니다.

③ 내적 동기는 세 가지 단위를 적절하게 변화시키면 강화됩니다.

④ 내적 동기를 부여하는 능력 또한 뇌신경연결이기에 적절하게 훈련하면 강화될 수 있습니다.

독서도 결국 내적 동기로 만들어야 합니다. 독서를 위한 마음 설정도 처음에는 의무감에서 시작했다고 해도 책을 읽는 행위에 도파민이 자주 분비되는 어떤 상태를 만들어야 합니다. 호기심이 해소되고, 지적 단위가 풍성해지고, 새로운 분야를 만나는 독서 과정에서 자율감, 몰입감, 목적감 등이 충족되어야 합니다. 독서는 먼 길의 여정입니다. 한 줄 한 줄 지식과 지혜의 그물을 만드는 작업입니다. 결국 내적 동기로 승화돼야 합니다. 독서가 재미와 의미를 만드는 과정이어야 멀리 갑니다.

행복, 책에게 길을 묻다

행복, 참 어려운 주제입니다. 인생 한 번 살고 가는 데 행복해야 할 텐데 말이지요. 저는 행복에 관심이 많습니다. 행복을 주제로 한 여러 책을 읽고 행복에 대한 여러 의견을 경청하고, 참고하여 저 나름의 행복을 정의하고, 실천하고 있습니다.

행복의 핵심 요소는 '재미'와 '의미'

제가 생각하는 행복의 핵심 요소는 '재미'와 '의미', 두 가지입니다. 재미는 '현재'이고 '말초(末梢)'입니다. 의미는 '미래'이고 '중추(中樞)'입니다. '이 두 가지 축이 합쳐지는 어떤 행위를 하면서 말초와 중추가 만족하는 어떤 상태를 행복'이라 정의하고 싶습니다.

여기서 말초(재미)를 만족시키기 위해서 저는 쾌락보다는 집중과 몰입에 가까운 지점을 더 추구하려 노력합니다. 쾌락과 몰입은 뇌 속 도파민을 분비하게 하여 말초를 만족시킵니다. 그중 소모적, 파괴적인 쾌락보다는 생산적인 몰입이라는 행위를 통해서 만족감을 찾으려는 것이죠.

그리고 목표(의미)를 추구하되, 목표에 빠져서 현재를 희생시키는 것은 아닌지 항상 살펴보고 있습니다. 지금 재미있지 않다면 목표를 이루더라도 반쪽의 승리라고 생각하기 때문입니다. 사실 목표를 이룬 후에 만족감은 그리 오래가지 않습니다. 목표는 목말라 가 닿으면 이내 또다시 목마르는 신기루 같은 것이죠. 길을 가는 여정이 손상되면 길 끝에 닿아도 반쪽 성공입니다. 재미를 손상시키지 않고 의미를 만들어가려 스스로를 살피고 있습니다.

무엇보다 행복은 배워야 하는 것입니다. 인간의 본성은 행복보다는 불행을 쉽게 느끼도록 기본 설정이 되어있기 때문입니다. 초원의 얼룩말처럼 항상 주위의 위험에 온갖 주의를 주어야 생존할 확률이 높기 때문입니다. 모든 생물체는 기본적으로 긍정적 정서보다는 부정적 정서가 더 강력하게 설정돼 있습니다.

행복, 책에게 길을 묻다

이러한 행복에 대한 저의 생각이 물론 저만의 것은 아닙니다. 대부분 책이라는 인류 최고의 축적 시스템에 기댄 것들입니다.

다양한 독서를 통해 생물체의 본성을 이해하고, 인간의 본성을 이해하고, 나의 본성, 행복의 본성을 이해할 수 있었습니다. 행복은 '재미'와 '의미'라는 사실도 책을 통해 알았습니다. 부정과 긍정의 기본 설정값도 책을 통해서였습니다.

우리의 본성을 우리가 직관적으로 알 수는 없습니다. 공부하고 고민해야 우리 안의 본성을 알 수 있고, 본성을 알아야 그 안에서 우리가 할 수 있는 것과 할 수 없는 것을 구분해낼 수 있습니다. 그리고 할 수 없는 것은 기꺼이 수용하고, 할 수 있는 것에 노력을 집중할 때 조금 더 행복에 가까워질 수 있을 것입니다.

물론 책을 통하지 않아도 행복하게 잘 살 수 있습니다. 하지만 행복을 공부하고 연구하면 행복할 수 있는 확률이 조금은 더 올라갑니다. 행복을 공부하고, 저는 이전보다 조금 더 행복해졌다고 생각합니다. 저는 행복을 이해하고 적용하려는 노력이 유효했다고 보고 있습니다. 그 노력의 과정에서 길잡이는 역시 책이었고, 한 문장 한 문장이 서로 엮이면서 주요 표식으로 작용했습니다. 그 표식은 행복으로 가는 갈림길에서 반짝이며 옳은 길로 안내해주었습니다.

그 독서의 여정에서 크랩독서법은 늘 저와 함께했습니다. 이 책을 읽는 독자들에게도 크랩독서법은 긴 여정의 충실한 가이드가 되어 줄 거라 믿습니다.

행복의 중심,
아내와 아들에게
책을 건넵니다.